Job?
나는 **가상증강현실** 전문가가 될 거야!

Job?

나는 가상증강현실 전문가가 될 거야!

가가 글 | 문평윤 그림 | 문형남 감수

Special
12

국일아이

차례

직업 탐험
워크북

나는 **가상증강현실** 전문가가 될 거야!

등장인물

연우

호기심이 많고 쾌활한 초등학교 3학년 여자아이이다. 가상증강현실에 대해 전혀 관심이 없었지만 아빠가 기획한 박람회를 통해 조금씩 알아가던 중 악당 제논의 습격에 휘말리고 만다. 때마침 나타난 우주 경찰 노이만을 도와 디지털 세계로 도망친 제논을 잡으러 가는데, 과연 연우는 제논을 체포할 수 있을까?

아빠

평소엔 다정한 성격이지만 일할 때는 작은 것 하나도 놓치지 않는 완벽주의자인 VR 기획자다. 박람회를 준비하느라 바빠 연우에게 무관심해 보이지만 연우의 생일을 맞이하여 큰 선물을 준비한다.

고모

다정다감한 성격으로 연우와는 친구처럼 지낸다. 가상공간을 좀 더 현실처럼 느낄 수 있도록 설계하고 디자인하는 가상공간 디자이너로 아빠와 함께 박람회를 준비한다. 철저하게 일하지만 아빠의 계속되는 수정 요구에 힘들어한다.

제논

우주 정복을 꿈꾸는 외계인 악당이다. 생명체가 살 수 있는 지구가 탐이 나 지구 정복을 꿈꾼다. 지구의 첨단 기술이 집약돼 있는 VR/AR 박람회장을 타깃으로 잡고 대한민국, 나아가 전 세계를 정복하겠다는 야심을 키운다. 과연 그는 꿈을 이룰 수 있을까?

노이만

제논과 같은 악당을 체포하는 우주 경찰이다. 골칫덩어리 제논이 지구로 갔다는 소식을 듣고 그를 잡기 위해 대한민국 VR/AR 박람회장까지 쫓아왔다. 뛰어난 사격술과 격투술로 순식간에 제논과 그 부하들을 제압하지만 우연한 사고를 통해 가상현실 HMD인 고글 안에 갇히게 된다.

꿈을 찾아가는
꿈나무를 위한 길잡이

허영만 화백이 그린 만화《식객》이 한국 음식 문화의 품격과 철학의 깊이를 더한 '음식 문화서'라고 한다면,《job?》시리즈는 '바라고 꿈꾸는 것을 이루기 위해 줄기차게 노력하면 반드시 꿈은 이루어진다'는 교육 철학을 담은 직업 관련 학습 만화입니다. 어린이와 청소년들이 만화를 통해 각 분야의 직업을 이해하고, 스스로 장래 희망을 설정하는 데 도움을 주는 진로 교육서이기도 합니다.

꿈과 희망은 사람을 움직이는 가장 강력한 에너지입니다. 꿈과 희망이 있는 사람은 밝고 활기찹니다. 그리고 호기심과 열정이 가득해서 지루할 틈이 없이 부지런합니다. 특히 어린이와 청소년들에게 꿈과 희망은 삶을 긍정적으로 바라보게 하는 가장 강력한 버팀목 역할을 합니다.

어른이 되어 이루는 성공과 성취는 어린 시절부터 바랐던 꿈과 희망이 이뤄 낸 결과입니다. 링컨과 케네디, 빌 게이츠와 오바마, 이들은 어린 시절에 꾸었던 꿈과 희망을 실현하기 위해 노력한 사람들입니다. 삼성을 일류 기업으로 이끈 고(故) 이병철 회장이나 우리나라 경제 발전에 초석을 다진 현대그룹의 고(故) 정주영 회장도 어린 시절의 꿈을 실현한 대표적인 사람입니다. 꿈과 희망 안에는 미래를 변하게 하는 놀라운 능력이 숨어 있습니다. 꿈과 희망을 품고 노력하면 바라던 것이 이루어집니다.

어린이와 청소년들이 스스로 미래를 준비할 수 있도록 도움을 주고자 기획한 《job?》 시리즈는 우리 사회 각 분야의 직업을 다루고 있습니다. 어떤 분야의 직업을 갖고 사는 것이 좋으며 가치 있을지를 만화 형식을 빌려서 설명하여 이해뿐 아니라 재미까지 더하였습니다.

그동안 직업을 소개하는 책은 많았지만, 어린이 눈높이에 맞춘 직업 관련 안내서는 드물었습니다. 이 책의 차별성은 바로 여기에 있습니다. 단순히 각각의 직업이 무슨 일을 하는지를 소개하는 데 그치지 않고 사회적 측면에서 바라본 직업의 존재 이유와 작용 원리를 적절한 용어를 사용하여 어린 독자들의 이해를 돕습니다. 자칫 딱딱할 수 있는 직업 이야기를 맛깔스러운 대화와 재미있는 전개로 설명하여 효과적인 진로 안내서 역할도 합니다.

이 책이 어린이와 청소년들에게 세상의 여러 직업을 깊이 이해하고 자신의 미래를 여는 데 도움을 줄 것이라 기대합니다. 아울러 장차 세계를 이끌 주인공이 될 어린이와 청소년들이 직업과 관련해서 멋진 꿈과 희망을 얻길 바랍니다.

문용린(서울대학교 교육학과 명예교수)

세상을 바꿀 가상현실, 증강현실 속으로

세계경제포럼인 다보스포럼에서 "올해 초등학교에 입학하는 아이들의 65%는 현재 존재하지 않는 일자리를 갖게 될 것이다"라고 했습니다. 세상은 정말 빠르게 변하고 있고 직업도 새롭고 다양해지고 있습니다. 3D 프린팅 개발자, 빅데이터 분석가, 사물 인터넷 개발자, 가상현실 기획자 등 예전엔 상상조차 할 수 없던 직업이 많이 생기고 있어요.

십여 년 전에만 해도 이런 직업에 대해 얘기를 꺼내면 "그런 직업도 있어? 돈은 되기나 하는 거야?"라는 말을 들었을지도 모르겠습니다. 하지만 세상은 빠르게 변했고 3D 프린팅 개발자, 빅데이터 분석가, 사물인터넷 개발자, 가상현실 기획자 등은 4차 산업 혁명 시대를 맞이하며 급부상하고 있습니다.

가상현실은 테마파크와 게임, 교육용 시뮬레이션 분야 쪽으로, 증강현실은 스마트폰과 안경 등을 접목해 우리의 생활기반을 근본부터 바꿀 준비를 하고 있습니다. 스마트폰이 세상에 나온 뒤 우리의 일상이 바뀌었듯이 여러분이 성인이 되었을 땐 가상증강현실 기술이 일상 깊숙한 곳까지 들어와 우리의 일상을 바꿀 거예요.

이런 상황 속에서 중요한 것이 바로 창의성과 상상력입니다. 지금은 불가능하다 여겨

지는 기술을 연구하여 가능하게 만들고, 그 기술력을 바탕으로 만화 속에서나 그려지던 일상을 현실로 만드는 바로 그런 힘이요. 이 책 속에서 소개되는 기술이나 직업은 극히 일부분에 불과합니다. 그러니 여러분들도 가상증강현실에 관심을 갖고 책에서 소개하는 내용을 넘어 자신만의 생각을 더한 새로운 형태의 가상증강현실에 대해 상상해 보는 건 어떨까요?

가상현실, 증강현실, 혼합현실이 무엇인지, 가상증강현실 전문가는 어떤 일을 하는지, 어떤 분야에서 활용되는지 등을 알아보러 주인공들과 함께 여행을 떠나볼까요?

글쓴이 **가가**

VR/AR
박람회장에 가다

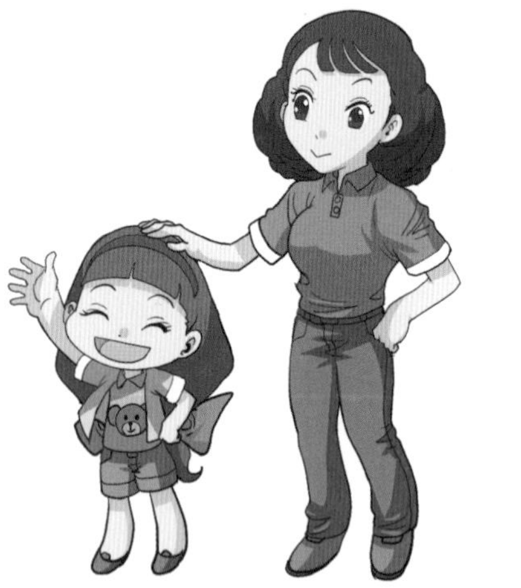

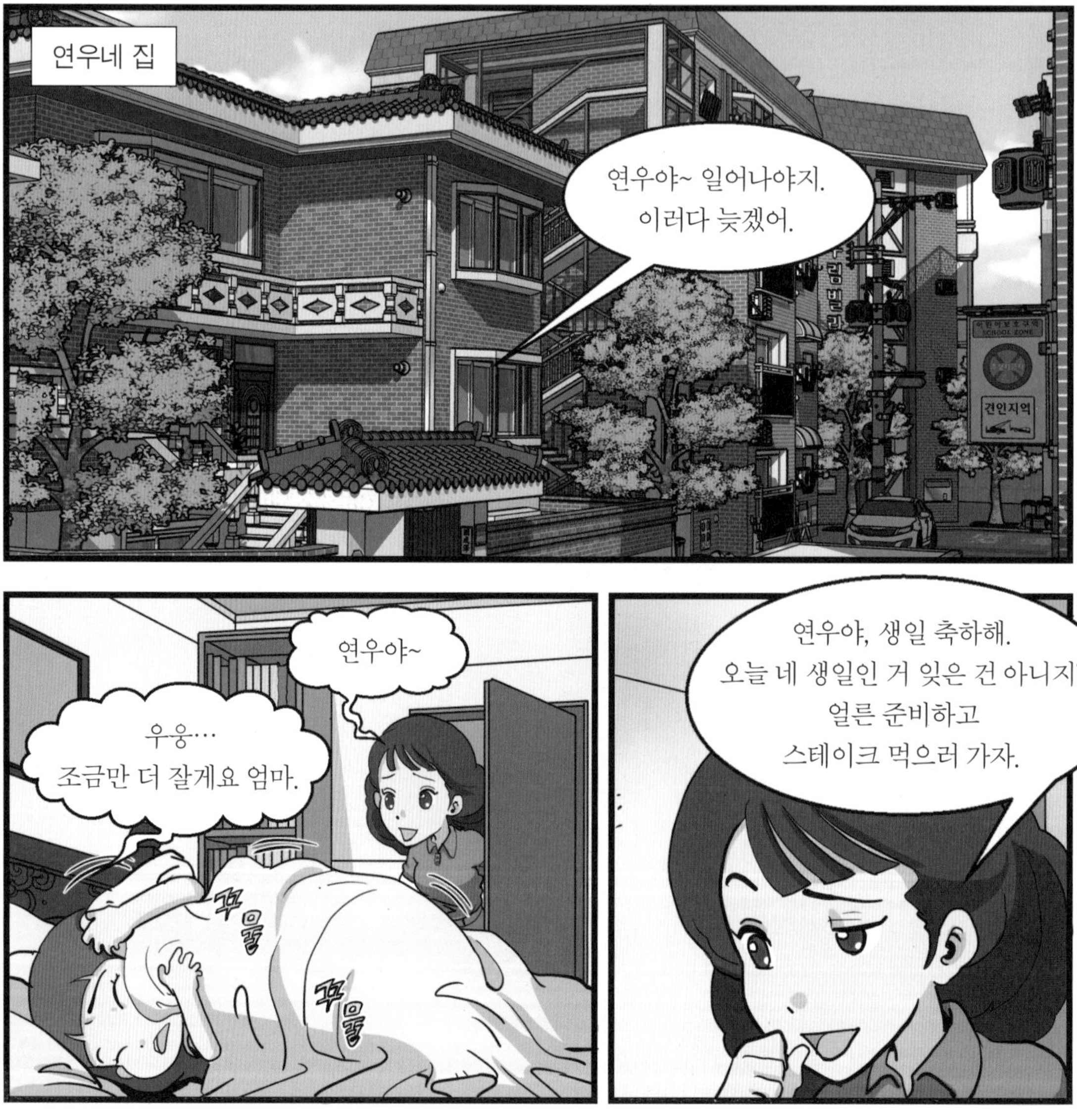

연우네 집
연우야~ 일어나야지. 이러다 늦겠어.
연우야~
우웅… 조금만 더 잘게요 엄마.
꾸물
꾸물
연우야, 생일 축하해. 오늘 네 생일인 거 잊은 건 아니지? 얼른 준비하고 스테이크 먹으러 가자.

아 맞다!
오늘 내 생일이지.

얼른
준비할게요~

와~ 오늘은
스테이크 먹는 날!

이 녀석
고기 먹는다니까
바로 일어나는 거 봐.

얼른 씻고 가자~

네~

내 이름은 이연우.
초등학교 3학년이다.

오늘은 기다리고 기다리던 내 생일~
엄마와 난 생일파티가 예약된
스테이크 가게로 가는 중이다!

매일 바빠서 얼굴 보기
힘들었던 아빠도 오늘만큼은
꼭 약속을 지키신다고 했다.

오랜만에 보는 아빠와
오랜만에 먹는 스테이크~
너무 행복하다.

연우야, 그렇게 좋니?

그럼요!

아빠도 시간 맞춰 오시는 거 맞죠?

그럼~ 우리 연우 생일인데 당연히 시간 맞춰 오겠지.

삐리리리

아빠

음? 무슨 일이지?

여보세요?

뭐어~?
지금 식당으로
가는 중이란 말이야.

왜 그러시지? 느낌이 안 좋은데… 설마 못 오신다는 건 아니겠지?

하아… 일단 알았어.

연우야, 정말 미안한데…

오늘 아빠가 갑자기 급한 일이 생겨서 못 올 거 같대…

네?

그럼 스테이크는요?!!

넌 아빠보다 스테이크가 중요하구나.

스테이크 대신이라고 하긴 뭐하지만…

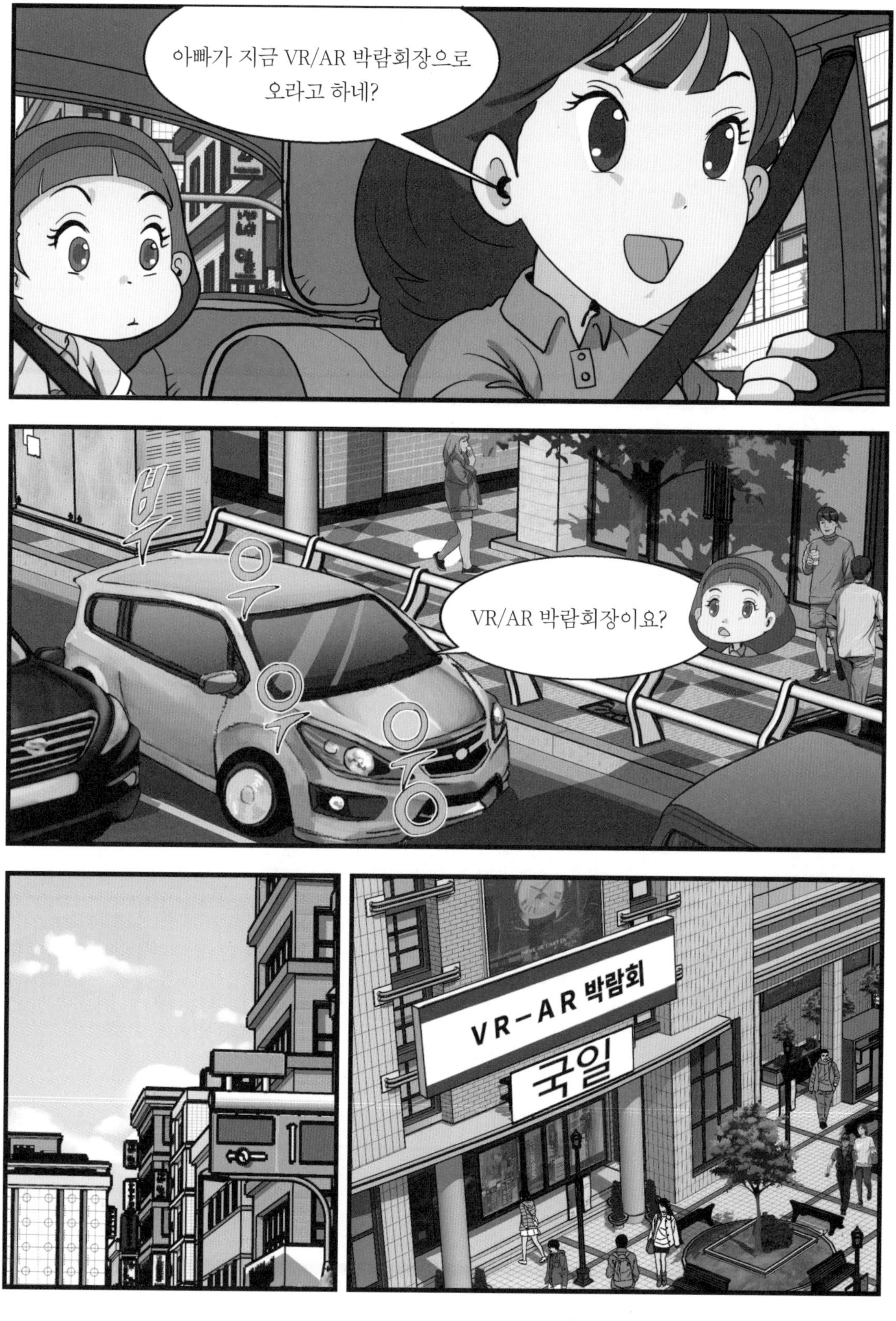
아빠가 지금 VR/AR 박람회장으로
오라고 하네?
부우우웅
VR/AR 박람회장이요?
VR-AR 박람회
국일

우와!
여기가 VR/AR 박람회장이에요?
엄청 넓다!

아빠가 B-21에
있는다고 했는데…

찾았다!

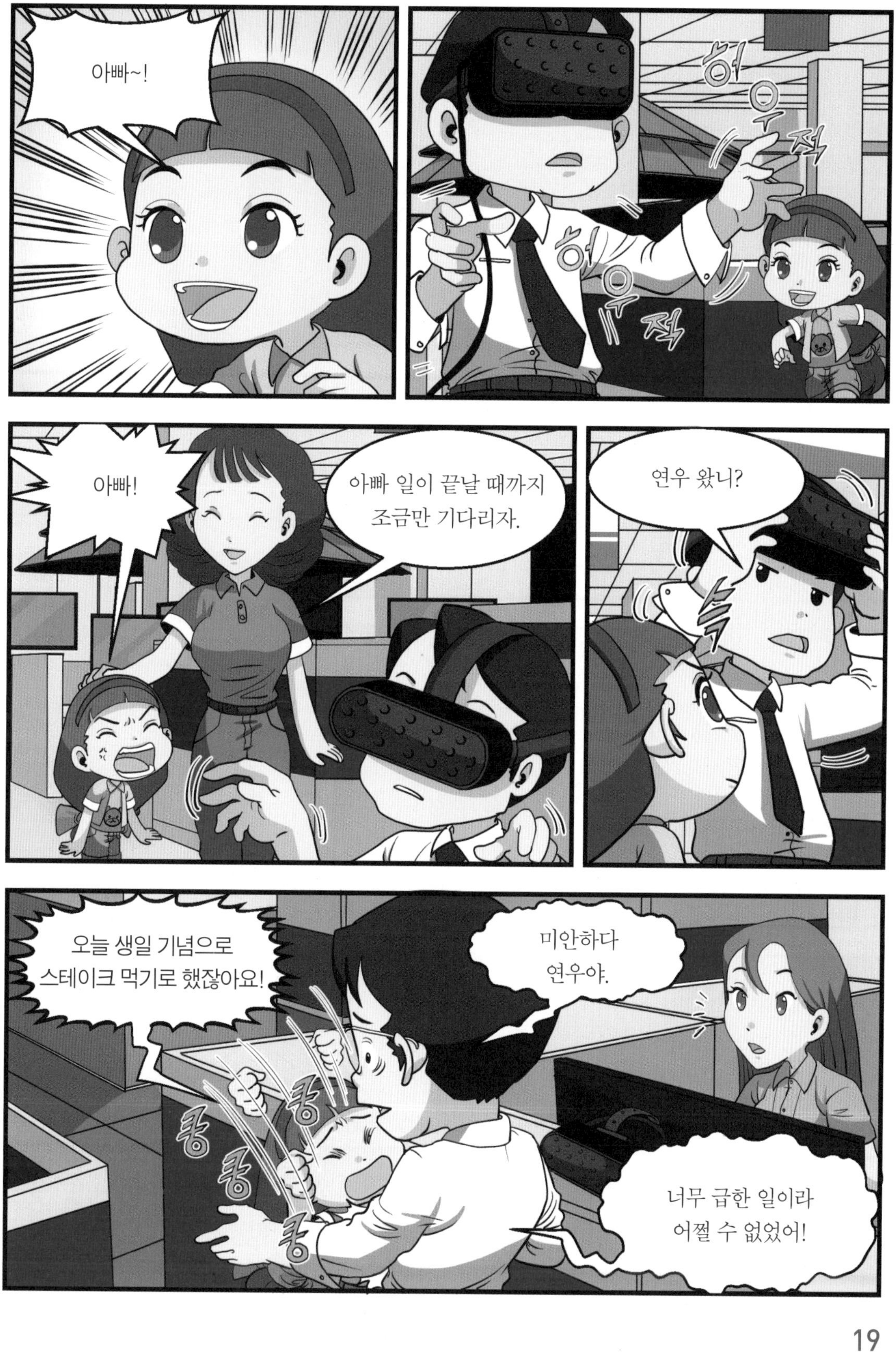
아빠~!
허우적
허우적
아빠!
아빠 일이 끝날 때까지
조금만 기다리자.
연우 왔니?
오늘 생일 기념으로
스테이크 먹기로 했잖아요!
쿵
쿵
쿵
쿵
미안하다
연우야.
너무 급한 일이라
어쩔 수 없었어!

오셨어요?

네, 많이 바쁘시죠?
고생이 많으시네요.

무슨 일이
생긴 거예요?

다 들리거든?

아니에요.
오빠가 워낙에 완벽주의자라
작은 거 하나도 넘어가지 않고
또 체크하느라 그래요.

하 하 하

연우야 미안한데
아빠 하던 일 좀 마무리하고
스테이크는 조금 있다
먹으러 갈까?

네, 알겠어요.

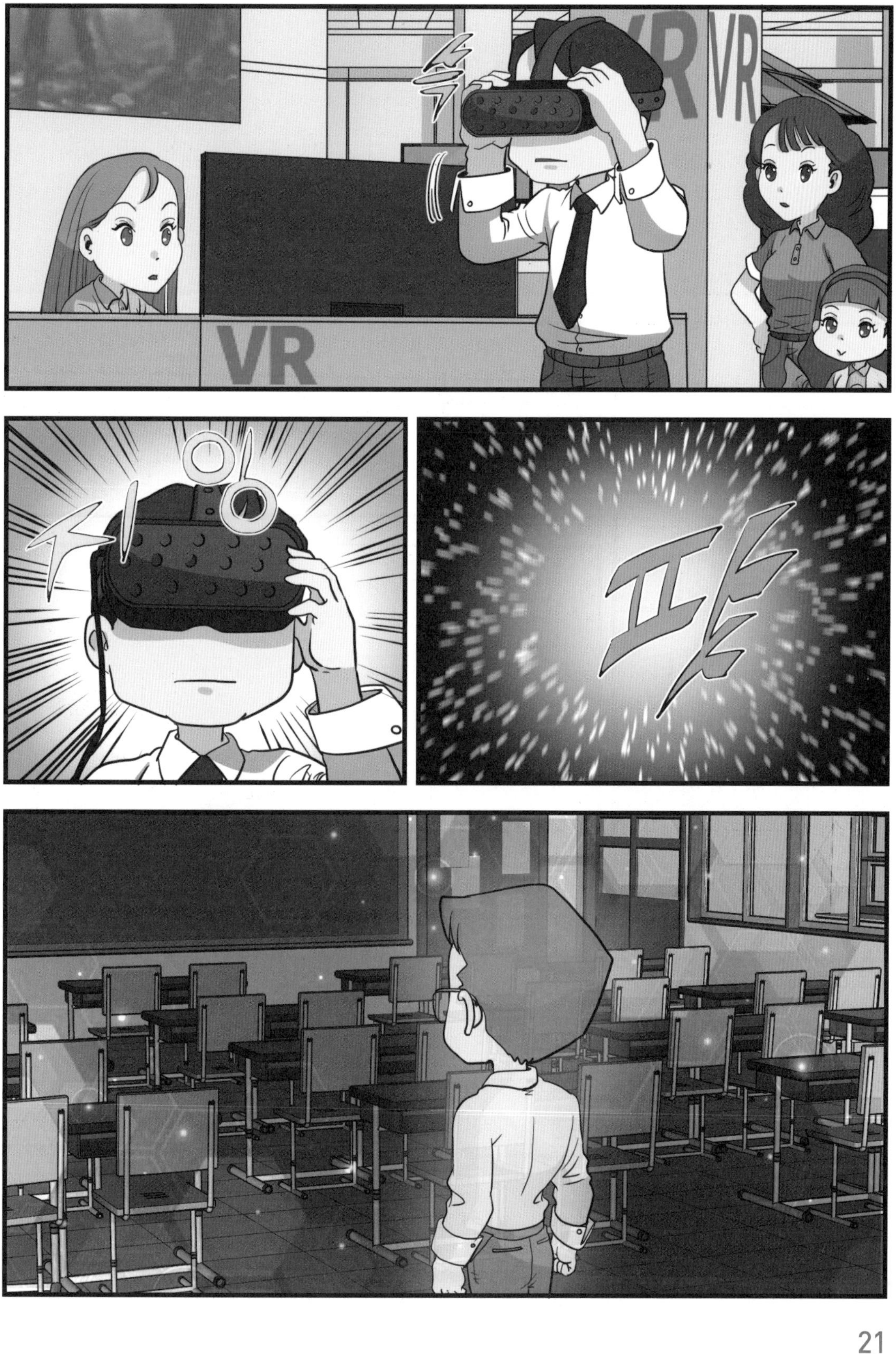
슥
지이잉
파

흐음…

여기 책상 모델링 말이야. 모서리를 둥글게 깎아주고 질감은 믹스우드로 바꾸자.

그리고 칠판은 조금 더 커야 할 것 같고

뒷면에는 아이들이 그린 그림을 좀 더 전시해 놓는 게 좋겠어.

으아아~

가상공간 디자이너는 나야. 오빠는 VR 기획자라구!

연우는 VR/AR에 대해서 잘 모르나 보구나?

힘내요, 고모….

그런데 VR/AR이 뭐길래 이렇게까지 하는 거예요?

네, 저한텐 좀 어려워서….

← 가상현실 기획자

가상현실 기획자(VR 기획자)는 게임, 교육, 쇼핑 등 다양한 분야에서 가상현실 콘텐츠와 시스템을 기획하는 일을 한다. 가상현실 기획자는 고객의 요구를 구체적으로 반영하여 만들어낸다. 그러기 위해서 가상공간 디자이너와 협의하고 원하는 세계의 모습을 만들어낸다. 또한 가상현실 콘텐츠를 테스트하여 오류나 문제점을 발견하고 이를 개선하는 일도 한다. 가상현실 기획자는 콘텐츠 개발뿐만 아니라 효율적인 제작과 배포가 이루어지도록 제작 전반의 과정을 관리한다.

흐음… 뭘로 설명해야
네가 알아듣기 쉬울까?

그래! 연우 지금도
'렛츠 트레이닝'
좋아하니?

스마트폰을 통해
현실을 비추면
그 안에 등장하는 몬스터를
잡는 게임 있잖아.

당연하죠!
어젠 전설의 몬스터까지
잡았다구요!

그 게임이
바로 AR 기술과
관련된 거란다.

AR이란 게
게임을 말하는 거였어요?

그건 아니란다.
좀 더 정확히 말해
AR 기술을 접목시킨
게임이지.

AR이란 우리말로 하면
증강현실인데,
현실에다 가상의 무언가를
겹쳐 보여주는 기술이지.

연우도 게임할 때
집 문 앞에서 실제론 없는
가상의 몬스터를 잡곤 하잖아.
그런 것이 바로 AR이란다.

AR은 게임 외에도
활용되는 분야가
엄청 많아.

와! 내가 하고 있던 게
AR이었다니…

← 증강현실의 활용

증강현실은 교육용 콘텐츠로써 활용되거나 실시간 언어 번역, 매장에 진열된 상품에 대한 설명, 건물의 정보를 알려주는 내비게이션의 역할 등 이미 우리 생활 속 여러 방면에 걸쳐 다양하게 활용되고 있다. 특히 포켓몬GO 모바일 게임은 현실에 스마트폰 화면을 비추면 앱 속에 포켓몬이 나타나 이를 잡는 게임으로, 현실과 가상이 합쳐져 큰 화제가 되었다.

예를 들어 AR 글래스로 실시간 위치 정보를 받아 길을 찾는다든가

외국어를 동시에 통역해서 눈앞에 띄울 수도 있단다.

I need your help.

도움이 필요해요

외국어까지 번역할 수 있다구요?

그럼 저 영어 안 배워도 되는 거예요?

하하하~ 그래서 좋아했던 거니?

아빠 그럼 VR은 뭐예요?

VR이란 우리말로 가상현실이야.
AR과 비슷하지만 다른 기술이란다.

VR이 AR과 다르다구요?
어떻게 다른 건데요?

AR이 현실에
가상을 불러오는 기술이라면
VR은 가상 속에
내가 들어가는 기술이지.

가상현실은 연우가
'렛츠 트레이닝'의
세계 속으로 들어가
직접 몬스터를 만나는 거야.

스마트폰으로 몬스터를 잡는 게
아니라 제가 직접 그 안에 들어가
몬스터를 잡을 수
있다구요?

생각만 해도 두근거려요!

그런데 그게 진짜 현실처럼 느껴질 수 있어요?

고모가 하는 일이 VR 공간을 생동감 있게 꾸미거나 더욱 현실감 있게 만드는 거야. 가상공간 디자이너라고 하지.

고모가 그런 일을 하고 있었을 줄이야.

← 가상공간 디자이너

가상공간을 생동감 있게 꾸미거나 더욱 현실감 있게 만드는 일을 한다. 3차원 모델링 및 가상현실 모델링 언어 등의 기술을 이용해 가상공간을 만들고 개발하며 가상현실 공간을 디자인하고 보다 더 현실감있는 환경이 되도록 구축한다. 시각 디자인 위에 스토리텔링을 입혀 구현해내기에 VR 아티스트로도 불린다. 가상현실 콘텐츠가 여러 산업에서 활용되면서 가상공간 디자이너의 역할도 중요해지고 있다.

자, 그럼 아빠 일도
얼추 끝났으니
박람회장을 둘러볼래?

수정 좀 부탁할게~

둘러보고 나면
스테이크 먹으러 가자!

와~ 신난다!

후후후 녀석.
완전히 빠져버렸군.

가상현실, 증강현실, 혼합현실이란?

현실에서는 경험하기 어려운 것들을 가상으로 만들어놓고 체험할 수 있도록 한 것이 가상현실이에요. 가상현실에서 나아가 증강현실, 혼합현실까지 만들어졌어요. 가상 현실, 증강현실, 혼합현실은 무엇인지, 어떤 차이점이 있는지 알아볼까요?

● 가상현실 (VR)

가상현실은 인공현실, 가상세계, 가상환경 등 다양한 이름으로 불리는데, 어떤 특정한 환경이나 상황을 컴퓨터로 만들어서 사용자가 마치 그것을 실제인 것처럼 느끼도록 하는 인간과 컴퓨터 사이를 연결해주는 기술을 말해요. 즉 컴퓨터로 만든 가상세계에서 사람이 실제와 같은 체험을 할 수 있도록 하는 최첨단 기술이에요. 가상현실은 머리에 장착하는 디스플레이 기기인 HMD를 활용하여 체험할 수 있어요. 가상현실은 항공·군사 분야에서는 항공기나 탱크의 조종 훈련, 의학 분야에서는 수술 실습이나 해부 연습 등에서 활용되고 있어요.

● 증강현실 (AR)

증강현실은 실제 현실에 가상의 정보를 더해 보여줘요. 즉 사용자가 눈으로 보는 현실에 가상 물체를 겹쳐 보여주는 것이에요. 가상현실이 배경과 환경이 모두 현실이 아닌 가상의 이미지라면, 증강현실은 현실의 이미지나 배경에 3차원 가상 이미지를 겹쳐 하나의 영상으로 보여주는 기술이에요. 스마트폰의 애플리케이션에서 현실 배경을 겹쳐 보면 포켓몬이 나타나고, 이를 잡는 게임인 포켓몬GO가 증강현실을 이용한 대표적인 게임이에요. 증강현실에서는 사용자가 실제 환경을 볼 수 있기 때문에 가상현실보다 보다 더 현실적이라고 느낄 수 있어요.

● 혼합현실 (MR)

혼합현실은 실제로 존재하는 사물이나 환경에 가상의 사물이나 환경을 덧입혀서, 마치 실제로 존재하는 것처럼 보여주는 컴퓨터 그래픽 기술이에요. 증강현실이 이런 혼합현실의 일종으로 구분되는데요. 혼합현실은 현실과 가상이 자연스럽게 연결된 스마트 환경을 사용자에게 제공함으로써 풍부한 체험을 할 수 있도록 돕는 기술이에요. 예를 들어 현실의 방 안에 가상의 콘서트 환경을 만들어서 인기 가수처럼 노래를 부르거나, 원격으로 먼 거리에 있는 사람들이 함께 모여 같은 공간에 있는 듯한 환경도 만들 수 있어요. 보통 혼합현실은 MR이라고 해서, 마이크로소프트에서 개발한 홀로렌즈 HMD를 사용한 콘텐츠를 말하기도 해요.

	가상현실	증강현실	혼합현실
약어	VR	AR	MR
특징	모두 허구	실제 현실 + 가상 정보	현실 배경 + 현실과 가상의 정보 혼합
공통점	실제로 존재하지 않은 현실을 구현해 사람이 이를 인지할 수 있도록 하는 기술		

다양하게 활용되는 VR과 AR 기술들

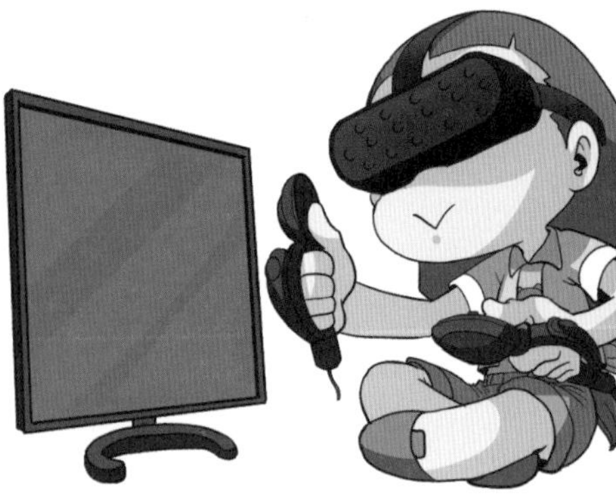

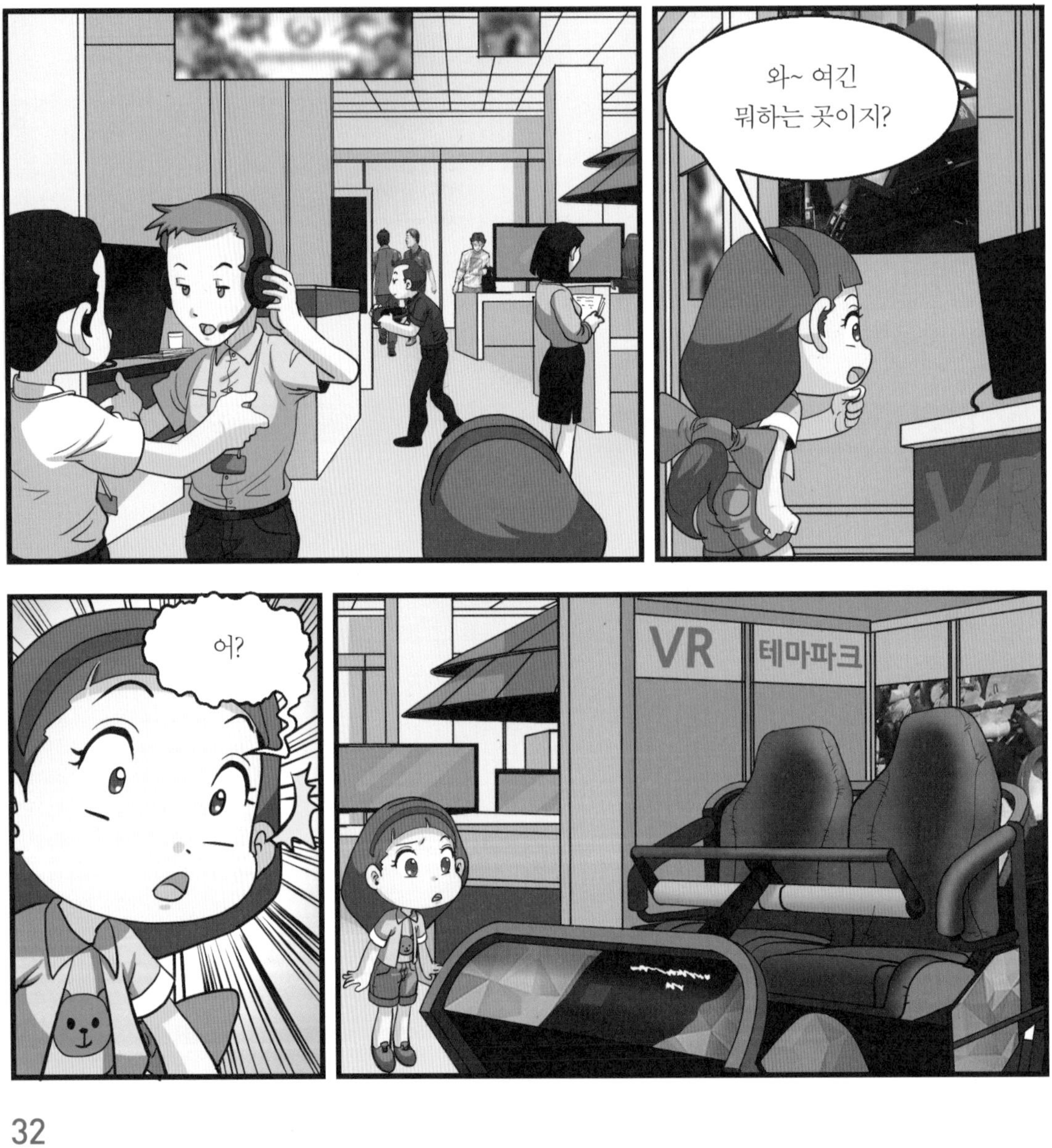
와~ 여긴
뭐하는 곳이지?
어?
VR 테마파크

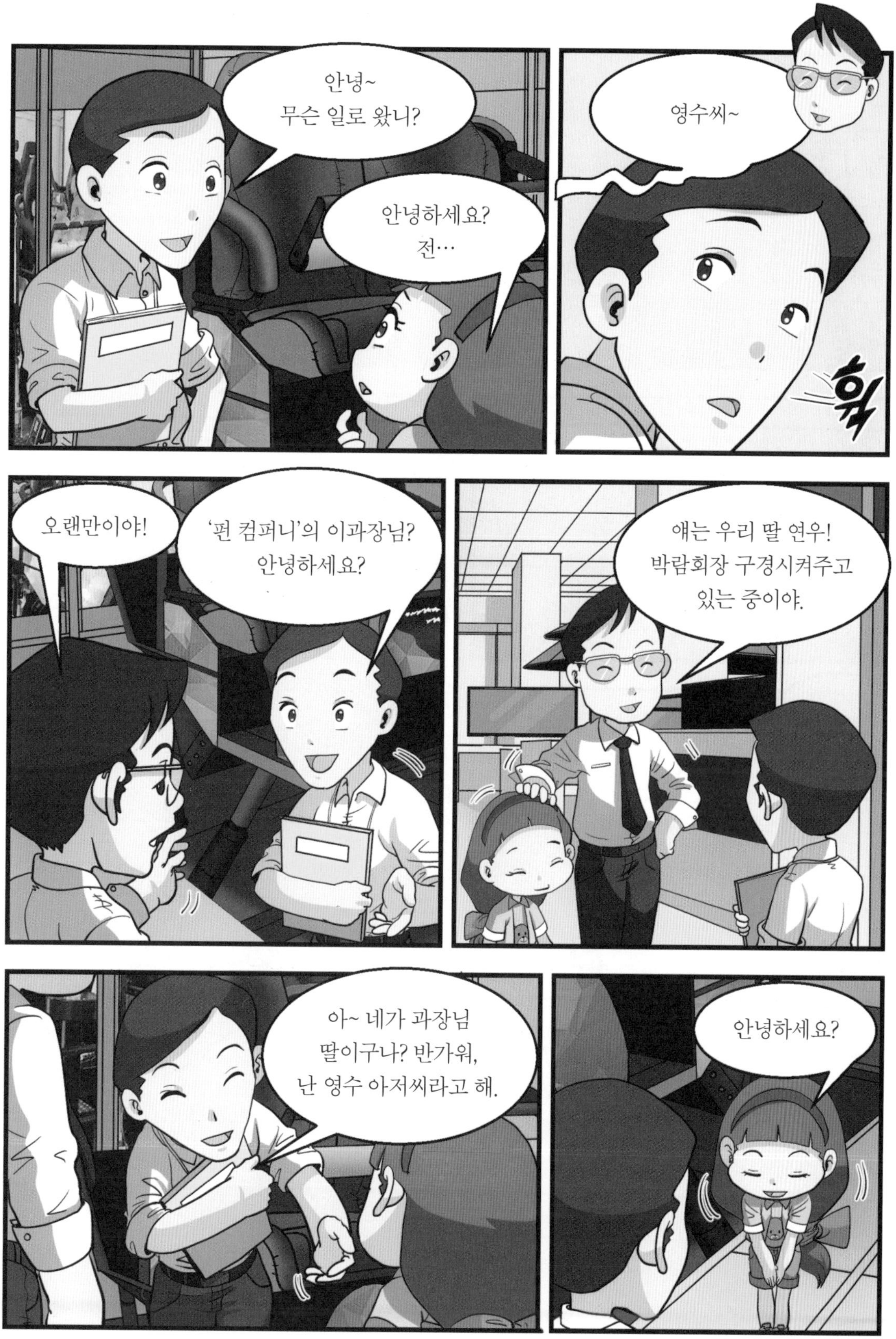
안녕~
무슨 일로 왔니?
안녕하세요?
전…
영수씨~
휙
오랜만이야!
'펀 컴퍼니'의 이과장님?
안녕하세요?
얘는 우리 딸 연우!
박람회장 구경시켜주고
있는 중이야.
아~ 네가 과장님
딸이구나? 반가워,
난 영수 아저씨라고 해.
안녕하세요?

저건 뭐지?

이건 VR 롤러코스터야. 오늘 마지막 점검을 하는 중이었단다.

아저씨 아저씨!

이건 뭐예요?

이게… 롤러코스터라구요?

레일도 없고 놀이동산 안에서 빠르게 달리지도 않는데요?

이건 실제 롤러코스터를 타는 것처럼 느낄 수 있는 VR 롤러코스터야.

실제로 타는 것처럼 느낀다구요?

이런 걸 어떻게 만들어요? 아저씨가 만든 거예요?

내가 프로그램을 만들었단다.

나는 VR 프로그래머거든.

VR 프로그래머?
무슨 일을 하는 직업인데요?

간단히 말하자면
VR을 통해 보여줄 세상을
컴퓨터 언어로 코드를 짜고,
또 그런 기술들을 어떻게 활용해야
하는지에 대해 연구하지.

음… 이렇게
말로 설명하는 것보다
직접 이 VR 롤러코스터를
타보는 게 어때?

연우야, 이거!

?

← VR 고글에 관해서

HMD(Head Mounted Display)는 머리에 장착해 사용자의 눈에다 직접 영상을 쏴주는 형태의 디스플레이어로, VR 고글이라고 불리는 제품이다. 처음에는 군사용으로 제작되어 미국 공군에서 사용했지만 현재는 상용화되어 항공, 게임 등 다양한 분야에서 사용되고 있다. 마우스를 통해 이리저리 둘러보아야 했던 기존의 디스플레이어들과 달리, HMD는 쓰고 고개를 돌리는 것만으로 3D 세상을 자연스럽게 둘러볼 수 있기 때문에 더욱 직관적인 경험을 할 수 있다. 스피커가 달린 HMD도 있다.

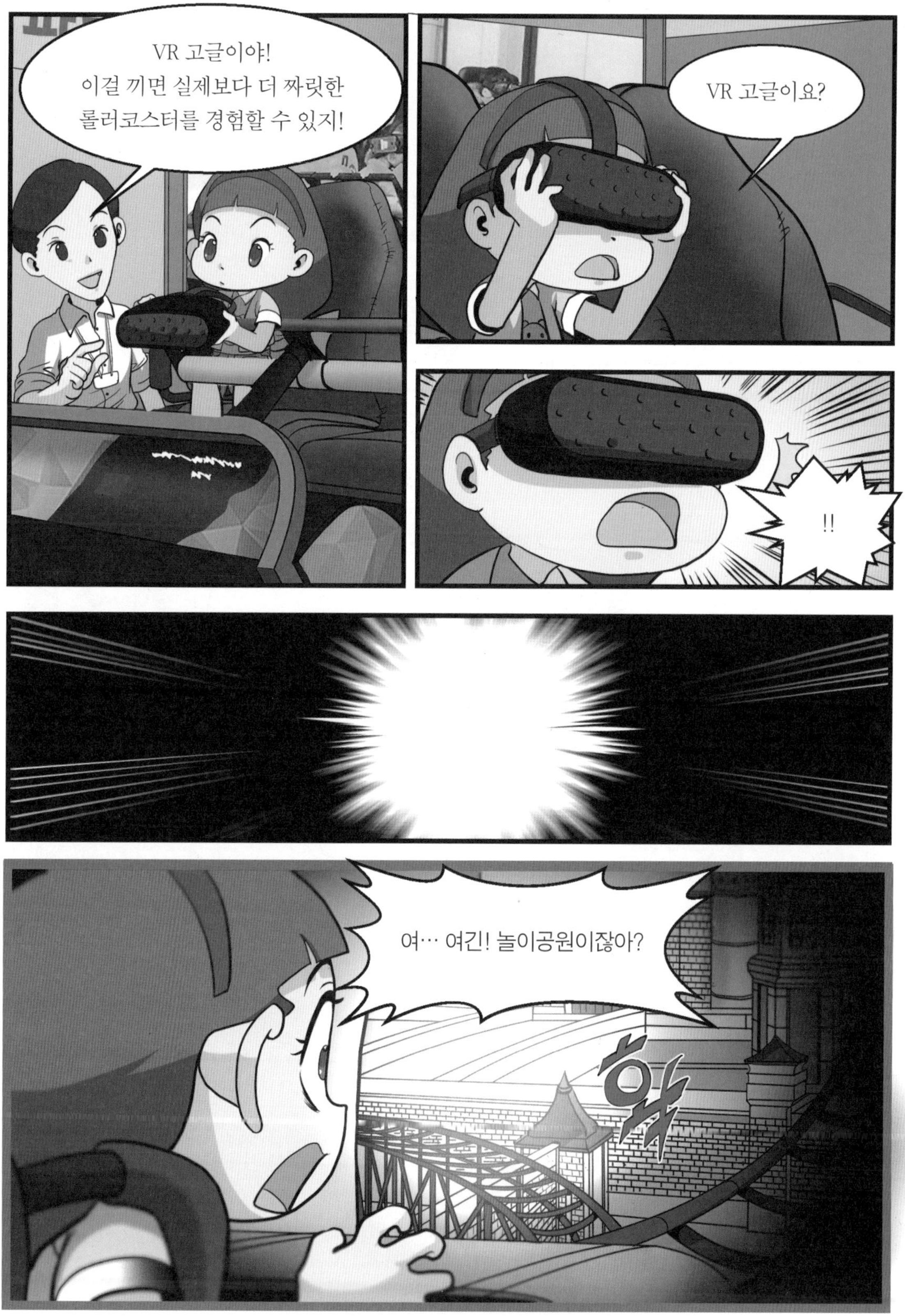
VR 고글이야!
이걸 끼면 실제보다 더 짜릿한
롤러코스터를 경험할 수 있지!
VR 고글이요?
!!
여… 여긴! 놀이공원이잖아?

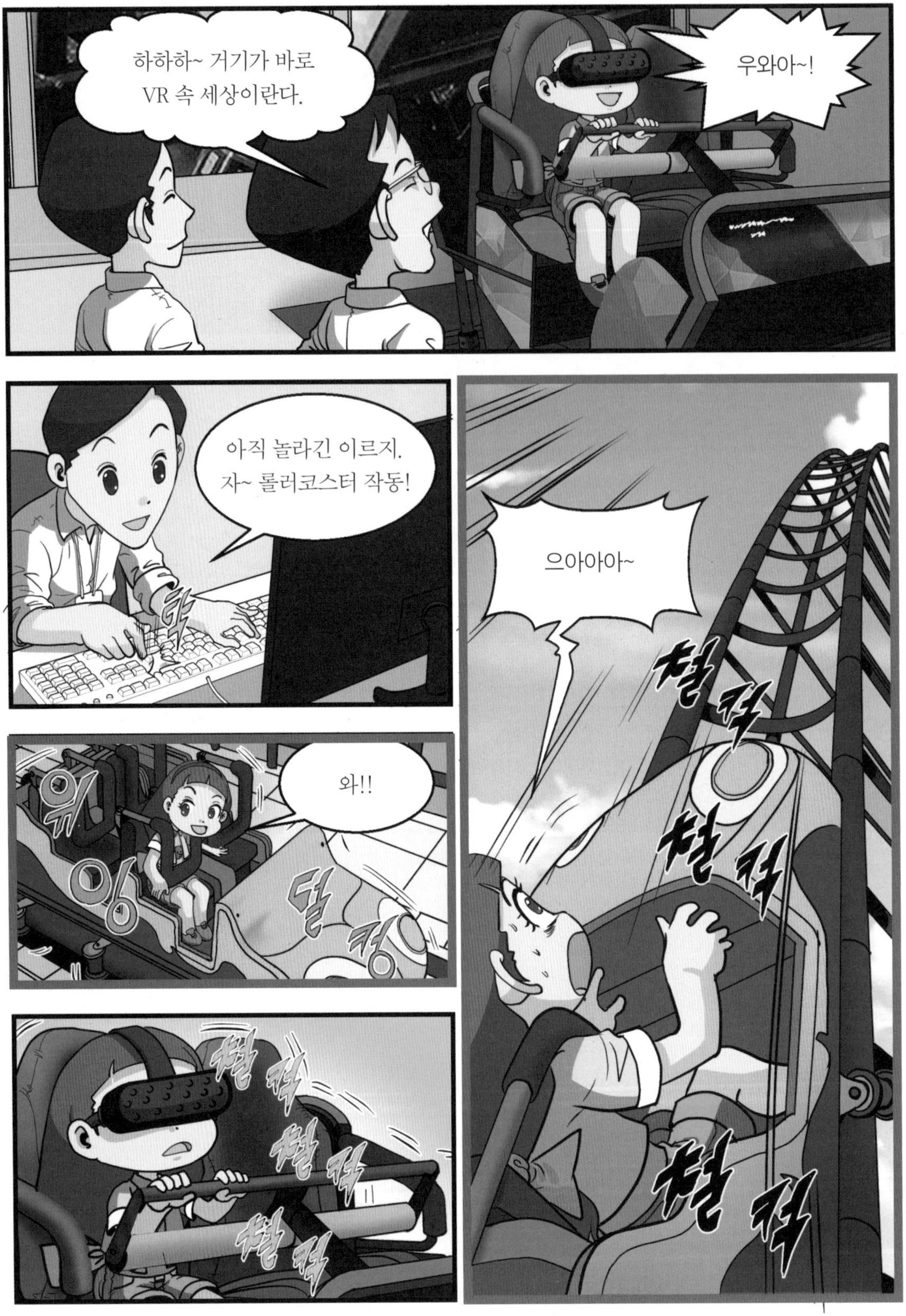
하하하~ 거기가 바로
VR 속 세상이란다.
우와아~!
아직 놀라긴 이르지.
자~ 롤러코스터 작동!
와!!
위잉
덜컹
철컥 철컥 철컥
으아아아~
철컥 철컥 철컥

아… 아빠!!

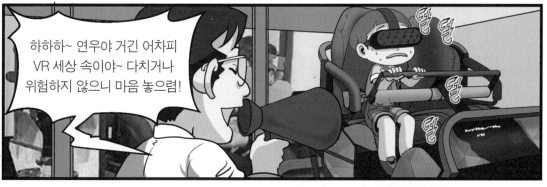

하하하~ 연우야 거긴 어차피 VR 세상 속이야~ 다치거나 위험하지 않으니 마음 놓으렴!

뭐 이렇게 말해도 귀에 안 들어오겠지만 말이야.

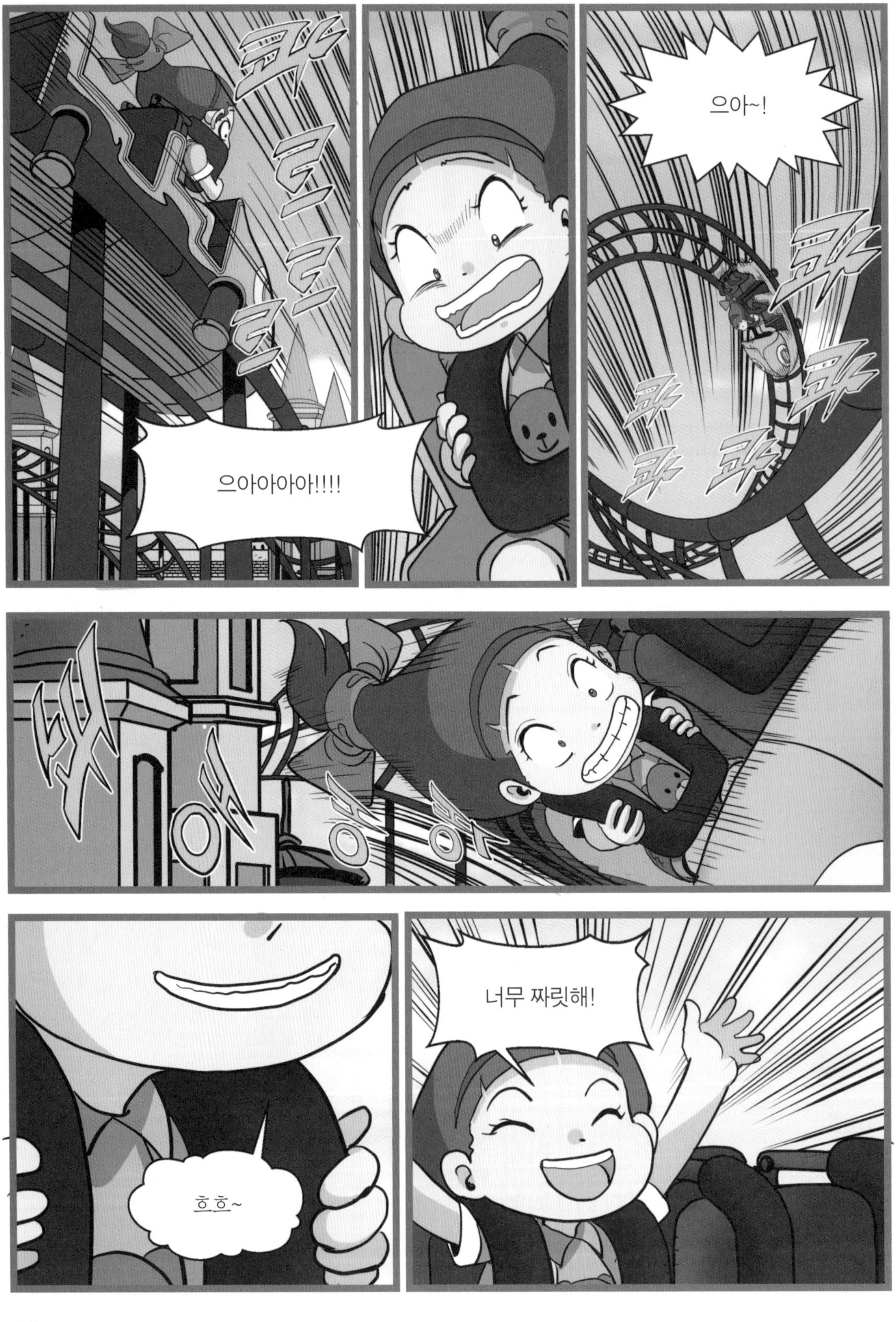
으아아아아!!!!
으아~!
흐흐~
너무 짜릿해!

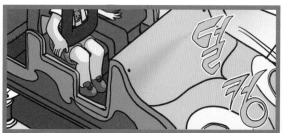

진짜 굉장해요 아저씨!

정말 롤러코스터를 타고 있는지 알았어요.

하하하~ VR이란 이렇게 그 세계 속에 직접 들어가 있는 것 같은 경험을 하게 해주지.

아저씨는 VR 프로그래머랬잖아요. 아저씨가 이 롤러코스터를 움직이도록 만든 거예요?

당연하지~ 열차가 높이 올라가거나 빨리 달릴수록 기울기나 덜컹거림이 달라졌었지? 현실과 같은 느낌이 들도록 이 아저씨가 프로그래밍한 거란다.

그럼 더 무섭게 할 수도 있고 덜 무섭게 할 수도 있어요?

그럼~ 당연하지!

정말요? 너무 멋있어요.

← VR 프로그래머

프로그래머란 프로그램을 만드는 사람이며, 프로그램 만드는 것을 프로그래밍이라 부른다. 프로그래밍을 위해 어셈블리, C++, 자바 등 다양한 개발자도구를 이용해 코드를 짜는데, VR 프로그래머는 이러한 개발자도구를 이용해 가상현실에서의 프로그램이 잘 작동하도록 하는 사람이다. VR 프로그래머는 가상세계가 더욱 더 현실처럼 느껴질 수 있도록 끊임없이 프로그래밍 연구를 한다.

고마워요, 영수씨~

아빠! 아빠! 이번엔 어디로 가요?

흐음~ 어디로 가볼까?

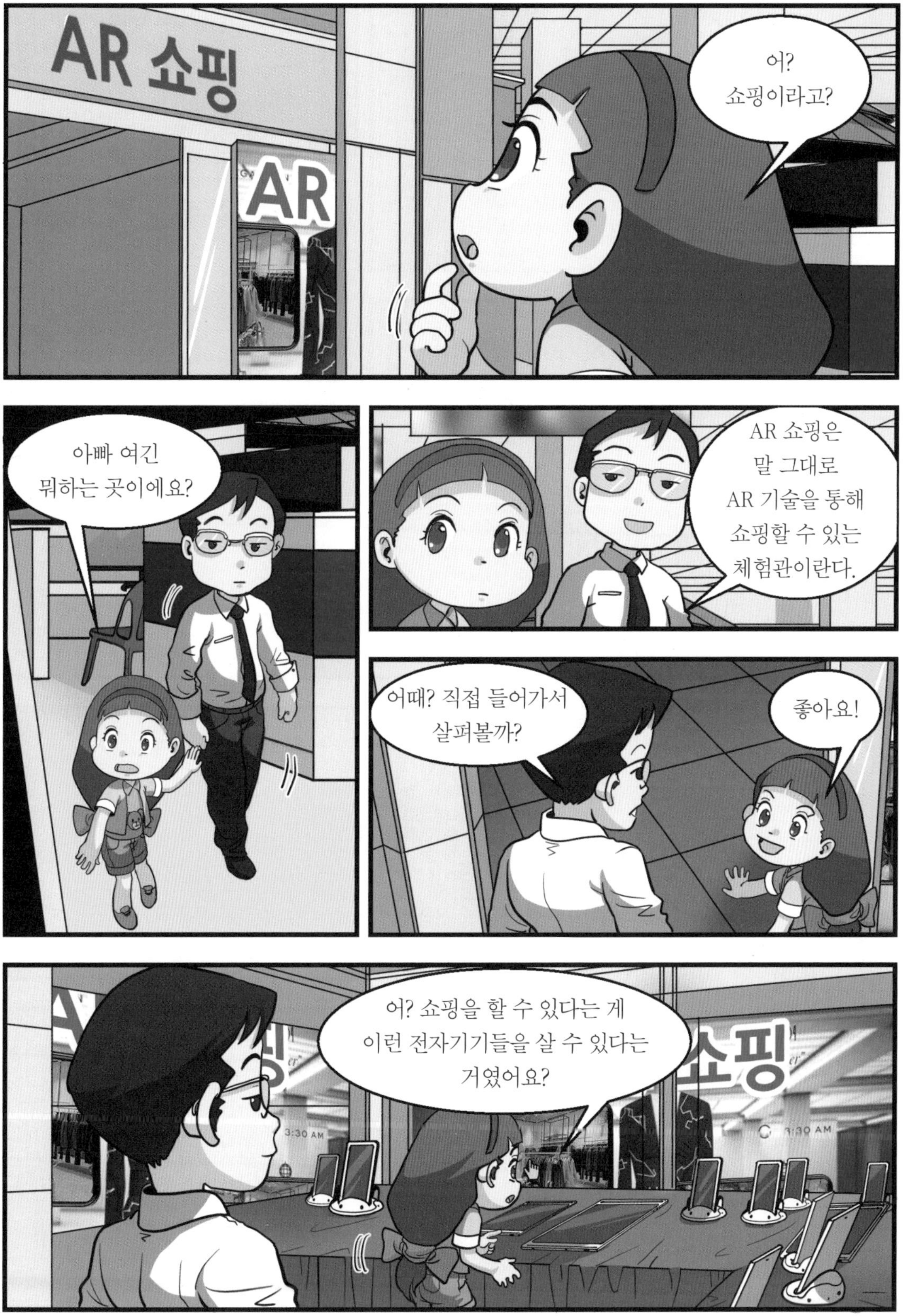
AR 쇼핑
AR
어? 쇼핑이라고?
아빠 여긴 뭐하는 곳이에요?
AR 쇼핑은 말 그대로 AR 기술을 통해 쇼핑할 수 있는 체험관이란다.
어때? 직접 들어가서 살펴볼까?
좋아요!
어? 쇼핑을 할 수 있다는 게 이런 전자기기들을 살 수 있다는 거였어요?
쇼핑
3:30 AM
3:30 AM

하하하~
그게 아니고

제가 도와드릴까요?

네, 부탁 좀
드리겠습니다.

옷을 살 때
직접 입어보지 않아도
그 옷을 입은 모습을 볼 수 있고,
가구를 살 때는 그 가구가
우리집에 어울리는지
그 모습을 간접적으로
볼 수 있는 거란다.

안녕, 예쁜 친구.

안녕하세요?

자, 여기 이 화면을
볼래?

어? 아빠가 다른
옷을 입고 있네요.

만약 이 옷이 마음에 들면 바로 사실 수도 있고, 마음에 들지 않으면 다른 것을 고르면 되는 거지.

다른 옷도 한번 보여 주세요.

이건 여러 개의 옷을 입어보느라 힘들지 않고, 이렇게 360도 돌려가며 상품을 꼼꼼히 살펴볼 수 있어서 좋단다.

우와 신기해요!

또 궁금한 거 있니?

언니! 언니가 이 AR 쇼핑 플랫폼을 만든 사람인가요?

그게 궁금했었구나?

맞아. 난 AR 쇼핑 플랫폼 설계자야.

옷이나 가구 등을 직접 쇼핑하지 않고도 스마트폰 안에서 원하는 상품을 입거나 꾸며볼 수 있는 앱을 만든단다.

온라인 쇼핑의 한계를 넘어, 쇼핑의 즐거움과 편안함을 더해주는 역할을 하지.

정말 쇼핑이 즐거웠어요.

그래? 즐거웠다니 나도 기분이 좋은 걸~

← AR 쇼핑플랫폼 설계자

제품을 영상과 이미지만 보고 구매하던 온라인 쇼핑에서 나아가 매장에 직접 방문해 제품을 착용해본 듯한 생생한 경험을 제공하기 위해 증강현실 기술을 온라인 쇼핑에 접목시키는 일을 하는 사람이 AR 쇼핑플랫폼 설계자다. AR 쇼핑플랫폼 덕분에 제품의 정보나 장점을 고객에게 더 정확하게 전달할 수 있고 반품율을 줄일 수 있어 AR 쇼핑플랫폼 설계자에 대한 수요는 빠르게 증가할 전망이다. AR 쇼핑플랫폼 설계자가 되려면 기본적으로 모바일 플랫폼과 AR에 대한 이해가 필요하고 이외에도 컴퓨터공학, 3D 그래픽 등의 지식이 있어야 한다.

이런! 시간이 벌써 이렇게 됐네.

연우야! 우린 이제 가봐야겠다.

설명 감사했습니다.

안녕히 가세요~

안녕히 계세요~

그래~

연우야! 엄마한테 얼른 주차장으로 오라고 전화할래?

넵!

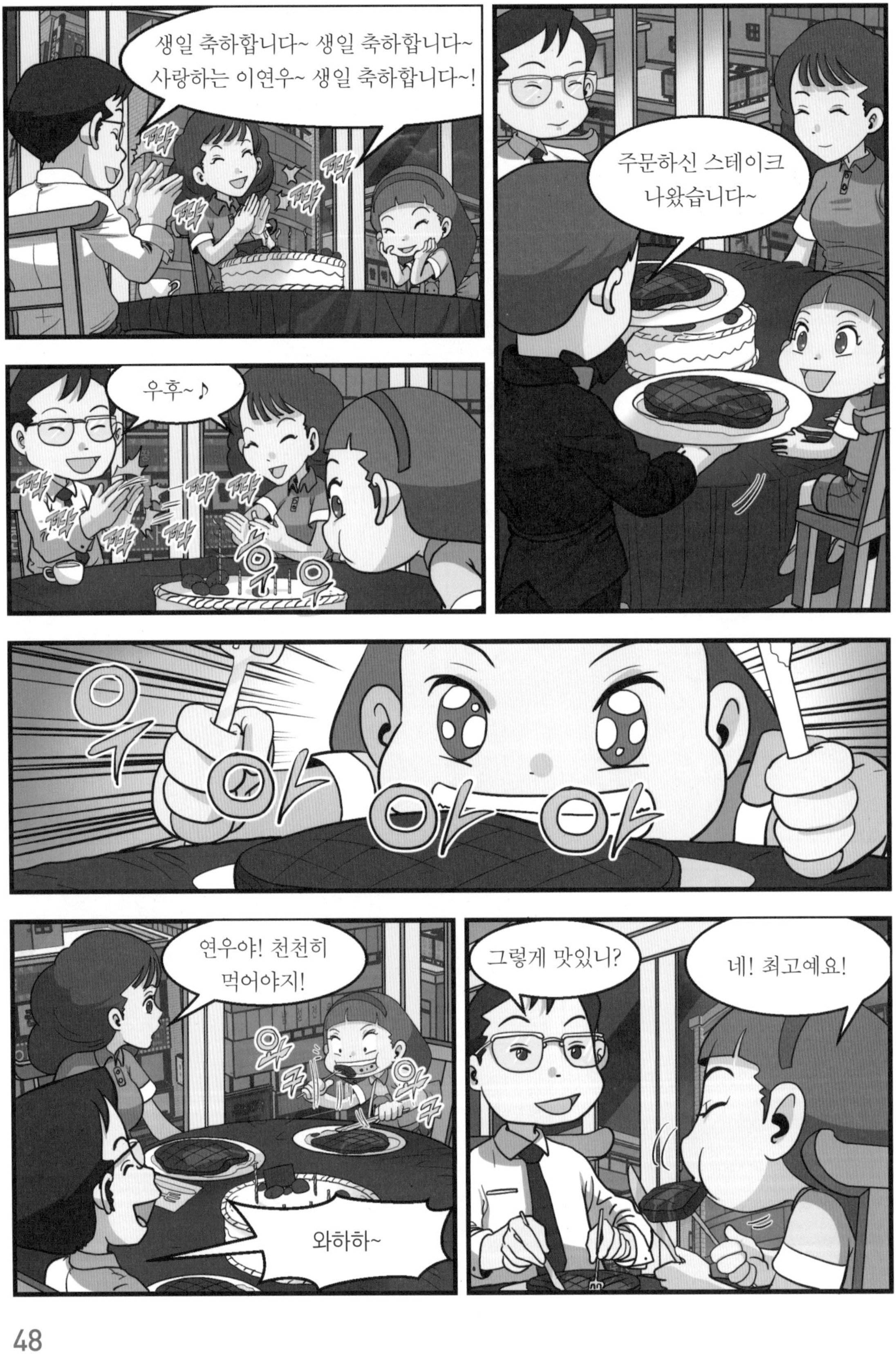
생일 축하합니다~ 생일 축하합니다~
사랑하는 이연우~ 생일 축하합니다~!
짝
우후~♪
주문하신 스테이크
나왔습니다~
연우야! 천천히
먹어야지!
와하하~
그렇게 맛있니?
네! 최고예요!

아빠! 박람회 일주일 뒤에 열린다구요?

왜? 오늘 경험해보니까 박람회가 막 기대되고 그래?

네, 그때 되면 더 재밌는 것들을 많이 볼 수 있을 거 아니에요.

오늘 본 것보다 더 신기한 것도 있죠? 빨리 보고 싶어요.

좋아! 박람회가 열리면 아빠가 싹~ 다 구경시켜줄게!

와~ 아빠 최고!

가상현실과 증강현실의 특징

영국의 IT산업 조사회사인 Digi-Capital에 따르면 가상증강현실 분야의 세계 시장 규모는 연평균 145.6%씩 지속적으로 급증하여 2021년에는 약 3,735억 달러가 될 것이라고 해요. 또한 가상현실 분야의 국내 시장 규모는 2021년 약 8조 원 규모로 성장할 것으로 예측되고 있어요. 미래의 유망 분야인 가상현실과 증강현실은 어떤 특징이 있는지 알아볼까요?

● 가상현실의 특징

가상현실은 모두 현실이 아닌 100% 가상의 영상이나 이미지를 사용해요. 그리고 가상현실에서는 몰입감이 중요한 요소예요. 가상현실은 특수안경이나 기기 등으로 시야가 차단되기 때문에 현실과 분리되어 가상의 공간만 보여져서 몰입도가 높아요. 그리고 가상현실 개발자도 이용자의 감정이입과 몰입감을 방해하는 요소들을 모두 제거하려 노력한답니다. 또한 가상현실은 오감을 활용해요. 사람의 오감을 모두 활용해야 가상현실을 현실처럼 느낄 수 있기 때문이에요. 아직까지는 시각과 후각의 비중이 크지만 모든 감각을 활용하여 가상현실을 이용할 수 있도록 하는 것이 목표예요.

● 증강현실의 특징

증강현실은 현실의 이미지와 배경에 가상의 객체를 얹어 연결한 영상으로 나타나요. 증강현실에서는 현실과 가상이 상호작용하는 특징이 있어요. 가상적 요소들이 현실과 연동되어서 나타나고, 이용자는 이러한 정보를 단순히 관찰하는 것에 그치지 않고 실시간으로 상호작용하는 것이에요. 또한 증강현실은 현실감이 높아서 자신이 가진 추상적인 생각과 정보를 증강현실 도구를 통해 그려내고 다른 사람들에게 이해하기 쉬우면서도 보다 더 현실처럼 느껴지도록 전달할 수 있어요.

제논과 노이만 등장

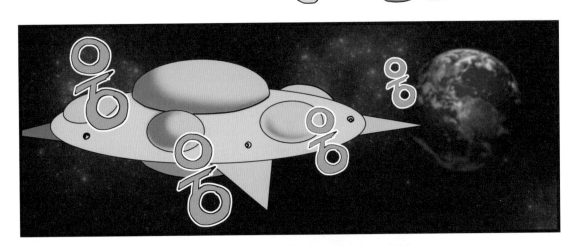

일주일 후

국일

와하하하~ 진짜
신기한 거 많다.

연우야~ 그렇게
뛰어다니다
넘어져~

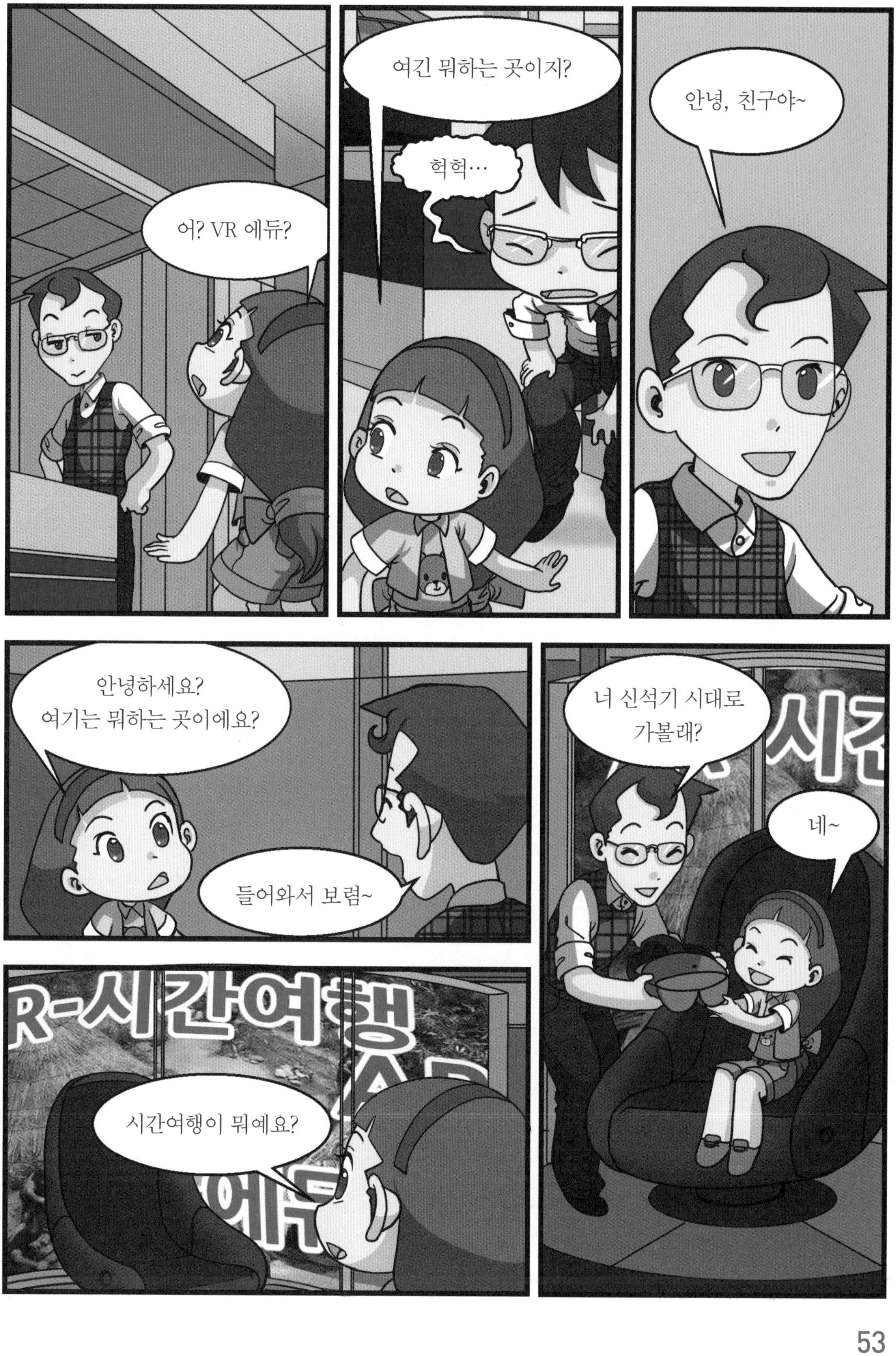
어? VR 에듀?
여긴 뭐하는 곳이지?
헉헉…
안녕, 친구야~
안녕하세요?
여기는 뭐하는 곳이에요?
들어와서 보렴~
R-시간여행
시간여행이 뭐예요?
너 신석기 시대로
가볼래?
네~

우와~~
움집이잖아?

너무 신기해요.
정말 신석기 시대의
사람들이 살던 움집에
들어가본 것 같았어요!

← 실감형 교육 콘텐츠

실감형 교육 콘텐츠는 정보통신기술을 기반으로 인간의 오감을 극대화하여 실제와 유사한 교육 콘텐츠를 생생하게 제공하는 차세대 콘텐츠다. 실감형 교육 콘텐츠는 VR 기술을 통해 가보기 어려운 유적지를 둘러보거나, 과학 실험을 가상으로 안전하게 해볼 수 있도록 하는 가상 콘텐츠다. 실감형 교육 콘텐츠는 교육은 물론 항공, 의료, 건축 등 다양한 산업 분야에서도 개발이 진행되고 있다.

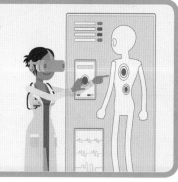

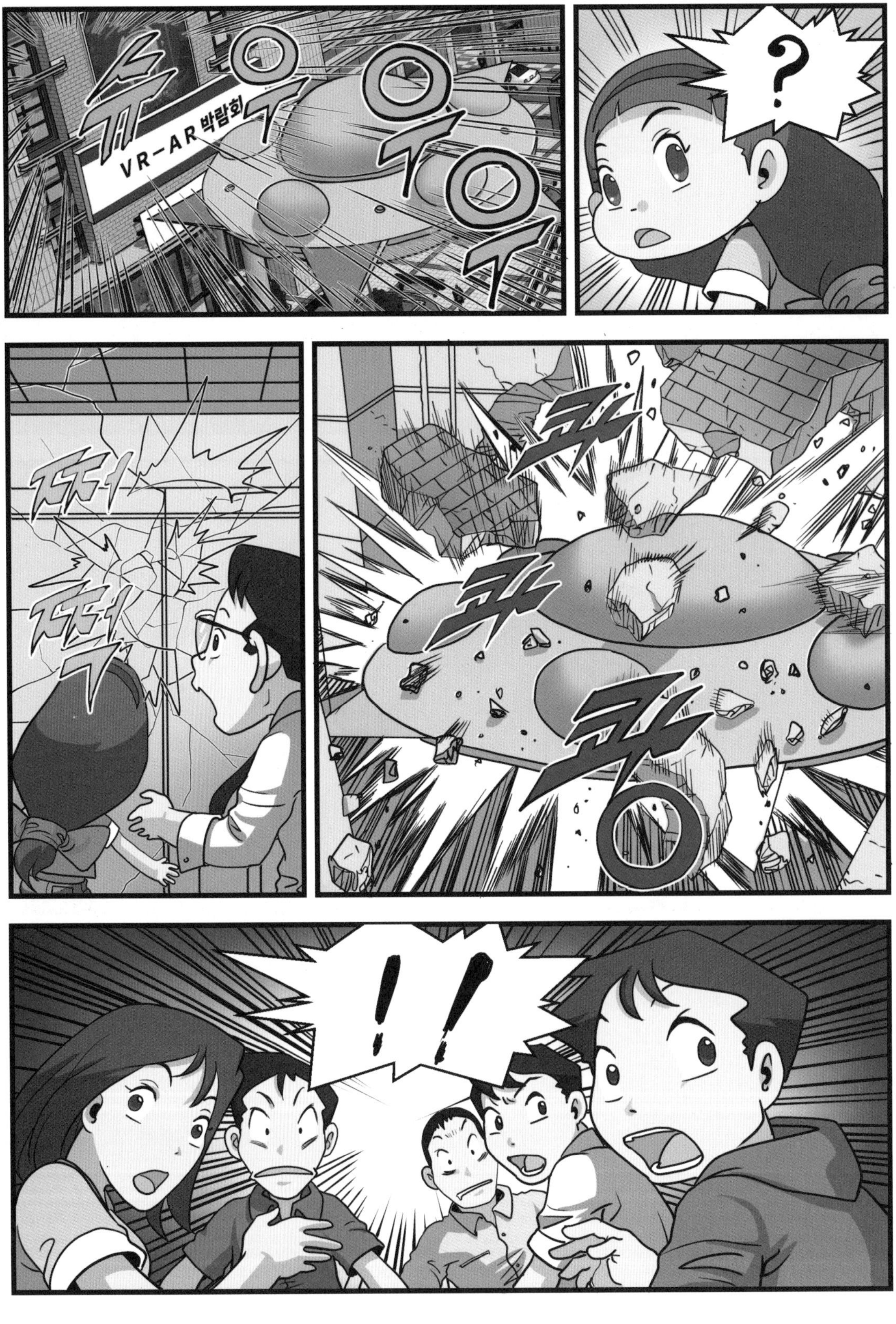
슈우우우
VR-AR 박람회
?
쩌쩍
콰콰쾅
!!

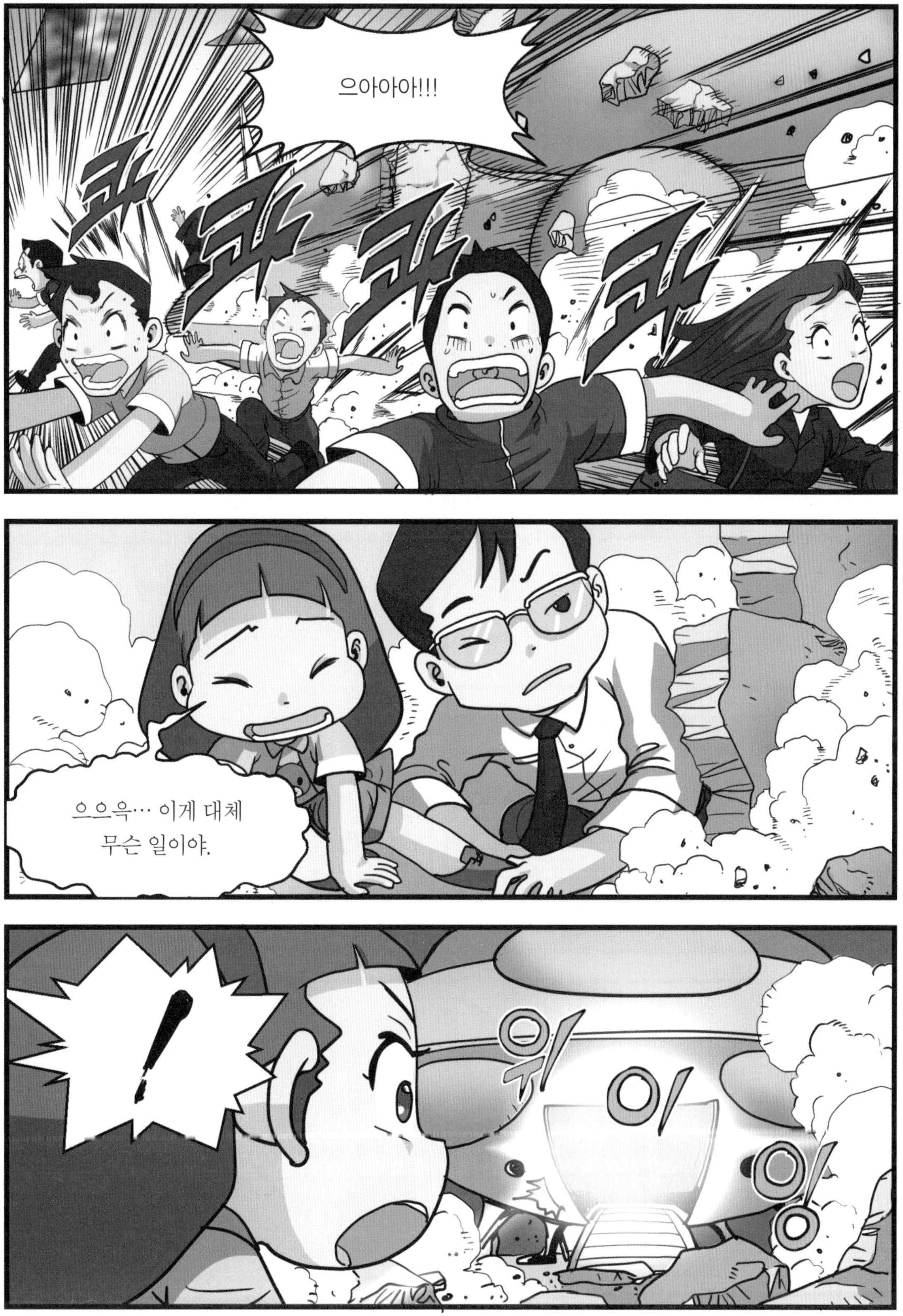

으아아아!!!
콰
과
콰
콰
으으윽… 이게 대체
무슨 일이야.
!
위
이
잉

도망쳐!!

뭐… 뭐야?

으아아아!!!

아빠, 어떻게 된 거예요?

으아악!!

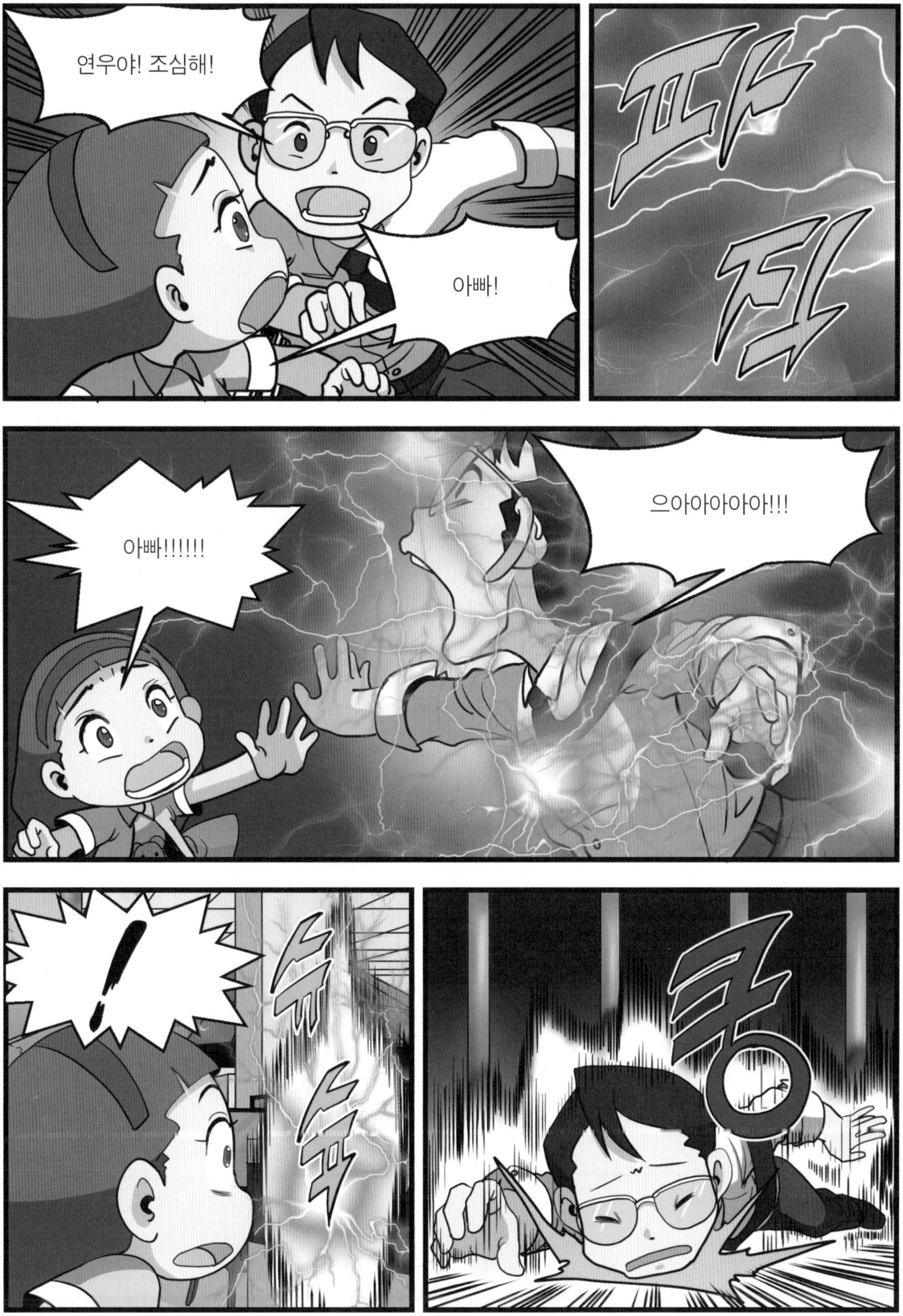

연우야! 조심해!
아빠!
파
직
아빠!!!!!!
으아아아아아!!!
!
슈
슉
쿵

여… 여긴?

정신 좀 들어요? 혹시 여기가 어딘지 아세요?

아무래도 어떤 우주선 안에 갇힌 거 같아요.

아빠…

으하하하~!

나약한 지구인들이여 잘 들어라~
내 이름은 제논! 앞으로 이 지구를
지배할 너희들의 진정한 주인이다!

제논? 으읍!

뭐지 이 냄새는…
제논이란 저 외계인한테서
고약한 냄새가 나.

지구의 최신기술이 집약돼 있다는
이 곳 VR/AR 박람회장부터 접수한 뒤
대한민국, 나아가 전 세계를
접수하겠다!

웃기지 마!
지구는 너처럼 냄새나는
외계인에게 지지 않아!

61

뭐냐, 저 녀석은…

그냥 지구인 꼬마 같은데요?

해치워!

히익!

찰 칵

잠깐!!

응?

파 지 지 지 직

꼬아아아아!!!

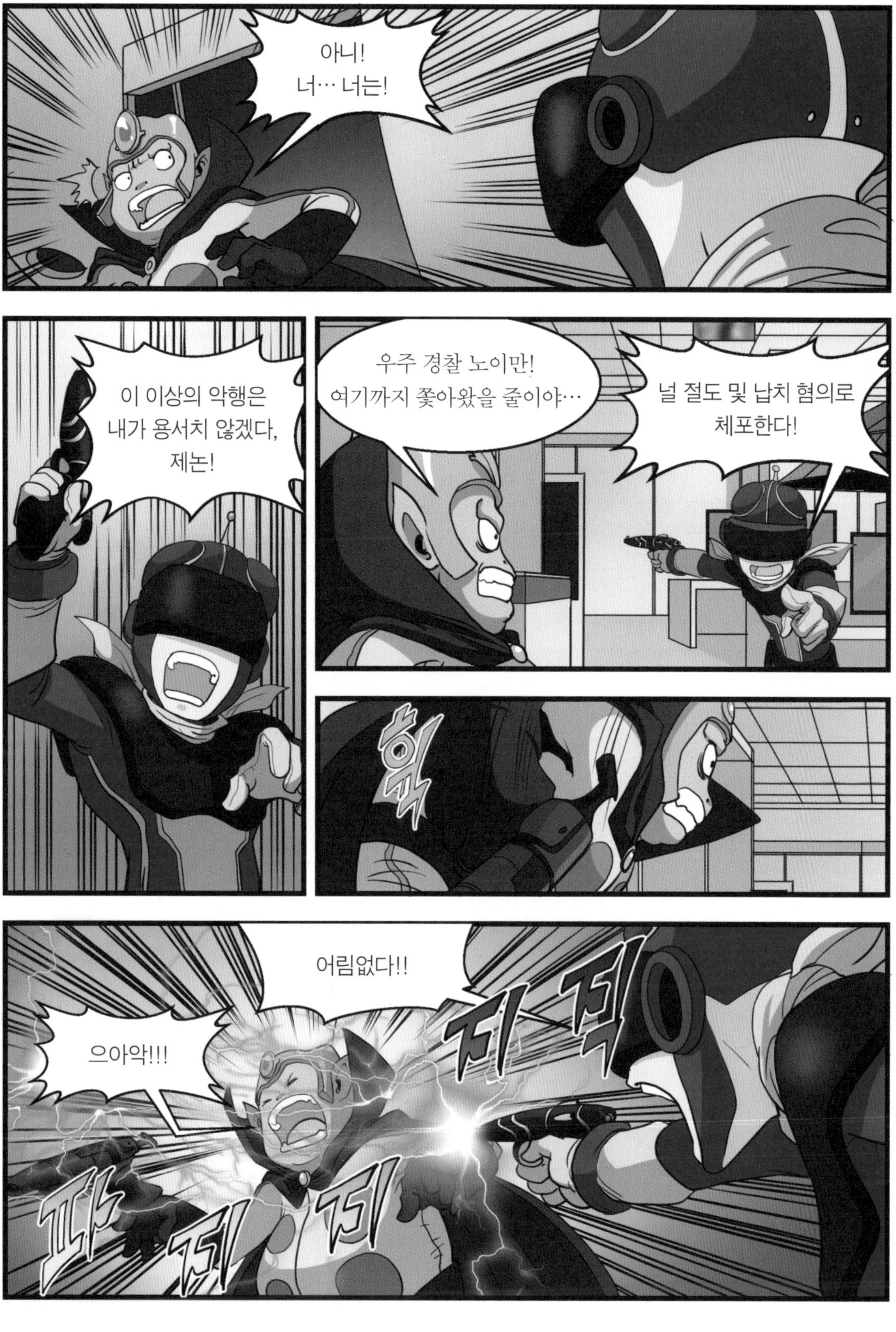
아니!
너… 너는!
이 이상의 악행은 내가 용서치 않겠다, 제논!
우주 경찰 노이만!
여기까지 쫓아왔을 줄이야…
널 절도 및 납치 혐의로 체포한다!
헉
어림없다!!
으아악!!!
지직
파지지

순순히 체포돼라
제논!

끄으으…

응?
이 빛은 뭐지?

무슨 일이 일어나고
있는 거지?

VR 고글에서 빛이 나더니 노이만과 제논이 사라졌어…

이게 뭐야?!

노이만과 제논이 고… 고글 안에 있잖아?

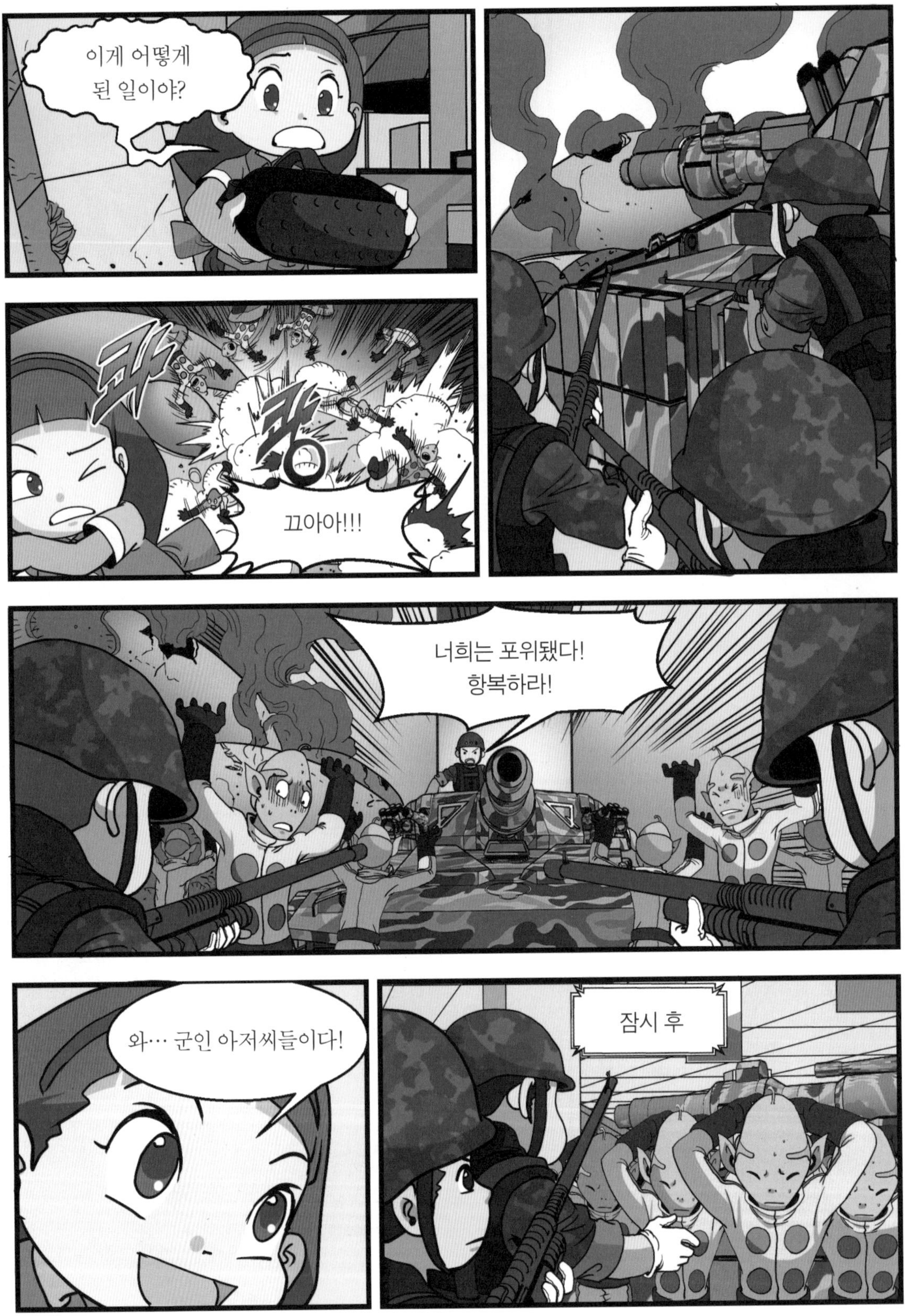
이게 어떻게
된 일이야?
콰
쾅
끄아아!!!
너희는 포위됐다!
항복하라!
와… 군인 아저씨들이다!
잠시 후

아빠!!

연우야!!

다행이구나 아빠가 무사하셔서.

감사합니다.

네!

그나저나… 외계인들이 순순히 항복하길래 무슨 일인가 했더니 대장이 여기 갇혀 있었을 줄이야.

우주 경찰 노이만은 어떡하죠?

어쩌면 이게 더 잘된 일인지도 모르겠구나. 이대로 VR 고글을 들고 본부로 돌아가 이 안에 든 둘을 꺼내야겠어.

제논이란 녀석은 그 자리에서 체포하고, 노이만은 풀어주면 될 일이니 말이다.

와 그러면 되겠네요! 잘 됐어요, 노이만!

응?

조심해요, 노이만!
뒤에 탱크가…!!

으하하~ 노이만
이 탱크로 널 묵사발을
만들어 주마!

뭐 탱크라고?

왜요, 아빠?

아무래도 저 둘은 지금 탱크 조종법을
알려주는 교육용 VR 속으로
들어간 것 같구나!

교육용
VR이요?!

← 교육용 VR

VR은 게임이나 영화 외에 교육용 소프트웨어로써의 활용도도 높다. VR을 통해 수업을 듣거나 전투기를 타보며 실제 전투기와 같은 조종법을 익힐 수 있는 교육용 VR 시뮬레이션 프로그램 등이 바로 그것이다.

70

으하하하~

여기선 아무리 외쳐봐야
노이만에게 들리지 않을 거야.

노이만
얼른 피해요!

모… 몸이 안 움직여.

뭐라구요?

가상현실의 역사

코로나19 바이러스로 인해 비대면 생활이 일상이 된 오늘날 가상현실이 더 주목받고 있어요. 해외로 나가지 못하고 이동이 어려워진 상황에서 그 간격을 메꿔주는 것이 바로 가상현실이기 때문이에요. 가상현실이 최초로 등장했을 때도 이렇게 사람들의 주목을 받았는데요. 가상현실의 역사는 어떻게 이어져 왔는지 알아볼까요?

● 1940년대

가상현실은 1940년대 미국의 공군과 항공산업에서 개발한 비행 시뮬레이터가 시초라고 알려져 있어요.

● 1950년대

1950년대 이후 할리우드 영화 또한 가상현실 기술 개발에 커다란 기여를 했어요. 1950년대 중반 에드윈 랜드는 3차원 이미지를 구현하는 컬러 영화를 개발했고, 비슷한 시기에 모튼 하일리그는 3차원 이미지, 입체 음향, 냄새 등을 이용해 시뮬레이션하는 오락 장치인 센소라마 시뮬레이터를 개발했어요.

● 1960년대

1965년 가상현실의 아버지라고 불리는 이반 서덜랜드가 미국 국방성 고등연구프로젝트국에서 연구한 후 발표한 논문인 〈궁극적 디스플레이〉에서 가상현실에 대한 연구와 개발의 방향을 설명했어요. 이 연구는 궁극적 디스플레이라는 공간 속에서 컴퓨터가 사물의 존재를 통제할 수 있게 된다는 것이었어요. 이후 1968년 이반 서덜랜드는 〈투구형 3차원 디스플레이〉라는 논문에서 머리 착용 디스플레이(HMD)를 구상했어요. 이는 두 개의 작은 음극선관을 통해 이용자의 두 눈을 둘러쌈으로써 입체적인 영상을 제공하려는 시도였어요. 그러나 이 HMD 기기는 사용하기에 너무 무거웠으며 천장에 고정되어 있었기 때문에 상용화되지 못했어요.

● 1980년대

1985년 미국의 컴퓨터 과학자인 재론 래니어는 가상 프로그래밍 언어 연구소(VPL Research)를 설립하고 가상현실 관련 장비들을 개발하기 시작했어요. NASA에서 자금 지원을 받아 프로젝트에 참여하게 되면서 1989년 가상현실 시스템인 RB-2를 발매했어요. 이로 인해 가상현실은 본격적으로 대중들에게 소개되고 대중적인 용어로 자리잡았어요. 특히 재론 래니어는 데이터 장갑(DataGloveTM)을 개발하여 실제 가상전쟁 시스템에 활용할 수 있도록 발전시키기도 하였는데요. 이 기기는 가상의 팔과 손을 사이버 공간 속으로 확장시켜 주는 것이었어요.

VR 세상 속으로!

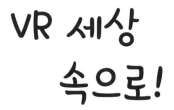

으하하하, 노이만! 몸을 움직이지 못하나 보군!

윽… 으윽!!

설마 디지털 세계는 처음인가? 걸음마 시절부터 디지털 세계와 함께 하는 우리 종족과는 다르군 그래.

이 세계에 들어온 것을 후회하게 될 것이다. 노이만!

안 돼요, 노이만!

연우야!

어쩌면 이걸로 노이만을 움직이게 할 수 있을지도 몰라!

헉! 어떻게 된 거야?

우… 움직였어?
디지털 세계에 적응하기엔
아직 이를텐데….

그래 제논! 난 이제
움직일 수 있다!

지구인 친구의
도움으로 말이야!

연우야, 잘했어!

고맙다 지구인!
덕분에 목숨을 구했어!

다친 데는 없어요?

물론!

노이만! 우선 제 딸 연우와
당신을 VR 컨트롤러를 통해
연결시켜 뒀어요!

어쩐지! 상황은 대충
이해했습니다! 기왕 제 생명을
구해주신 김에… 제논의 체포까지
도와주실 수 있을까요?

물론이죠!

연우야! 뒤편에 탱크가 있어. 노이만을 올라타게 해!

알았어요!

앗! 이 녀석!!

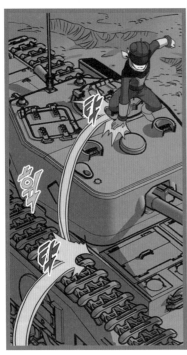

해치를 닫고 좌석에 앉으세요.

바닥에 페달을 천천히 밟으면서 전진하세요. 가늠좌에 따라 목표물을 조준하고, 레버를 당기면 포탄이 발사됩니다.

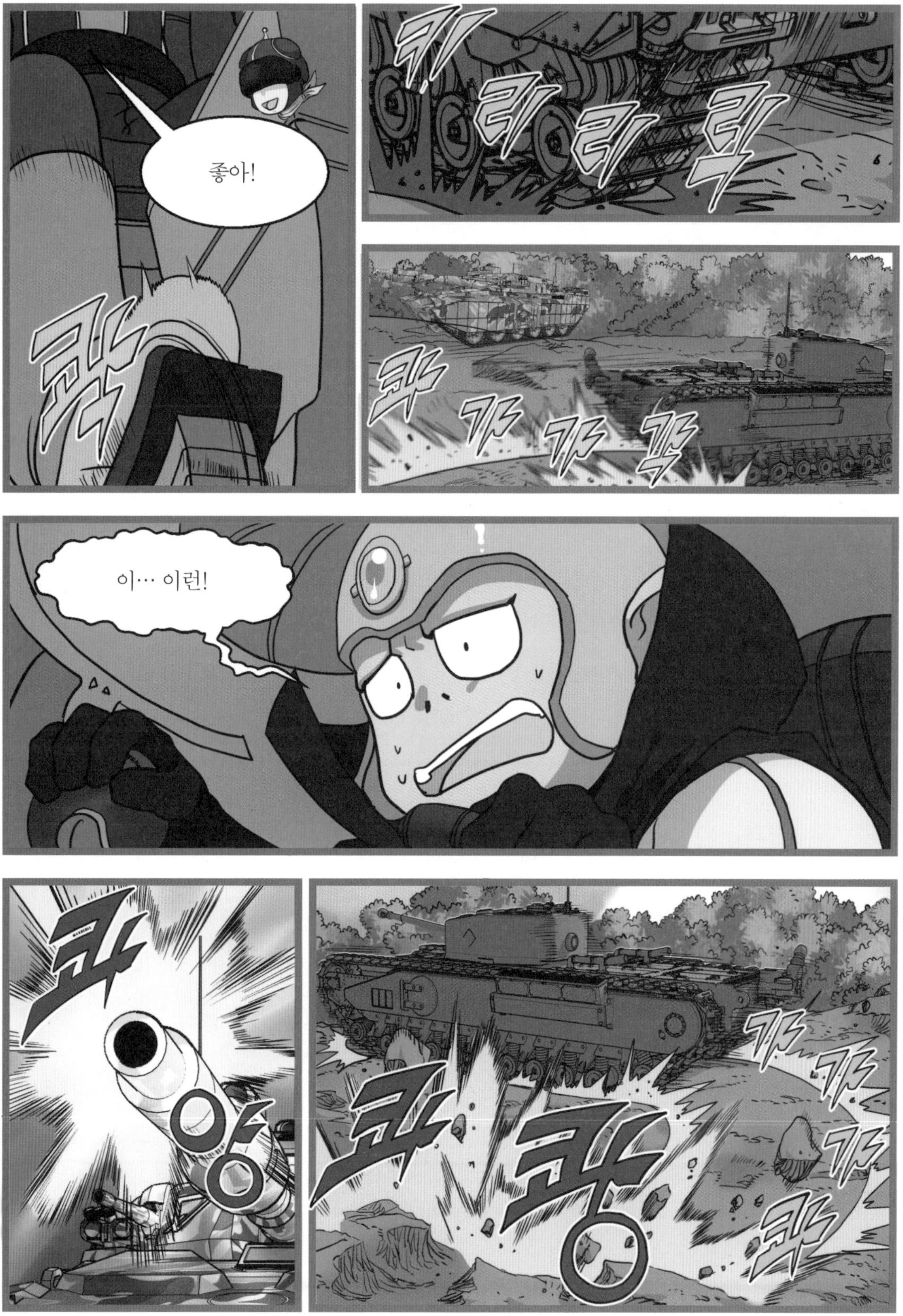
좋아!
키리리릭
콱
콰가가각
이… 이런!
콰앙
콰쾅
가가가콱

학교에서 이용하는 VR

가상현실(VR)이 적용되는 대표적인 분야는 교육이다. 정보 접근이 훨씬 쉬워지고, 자기 주도형 학습을 구축하기에 적합하기 때문이다.

실제로 첨단 기술인 가상현실을 체육 수업에 도입함으로써 학생들은 일반적인 체육 수업에서 접하지 못하는 양궁, 볼링, 골프 등 30여 가지의 스포츠 활동과 놀이를 교육 콘텐츠와 결합해 게임처럼 즐기며 학습할 수 있게 되었다.

또한 그 범위는 점차 확대되어 드론, 항공기 정비, 탱크와 자동차 운전 등의 교육 프로그램에 이용되고 있다. 나아가 증강현실(AR)을 활용한 각종 학습부터 체육 활동까지 가능한 콘텐츠들도 연이어 개발되고 있다.

어… 어어!

끄아아아악!

해냈다!

녀석이 도망간다.
어서 쫓아야 해!

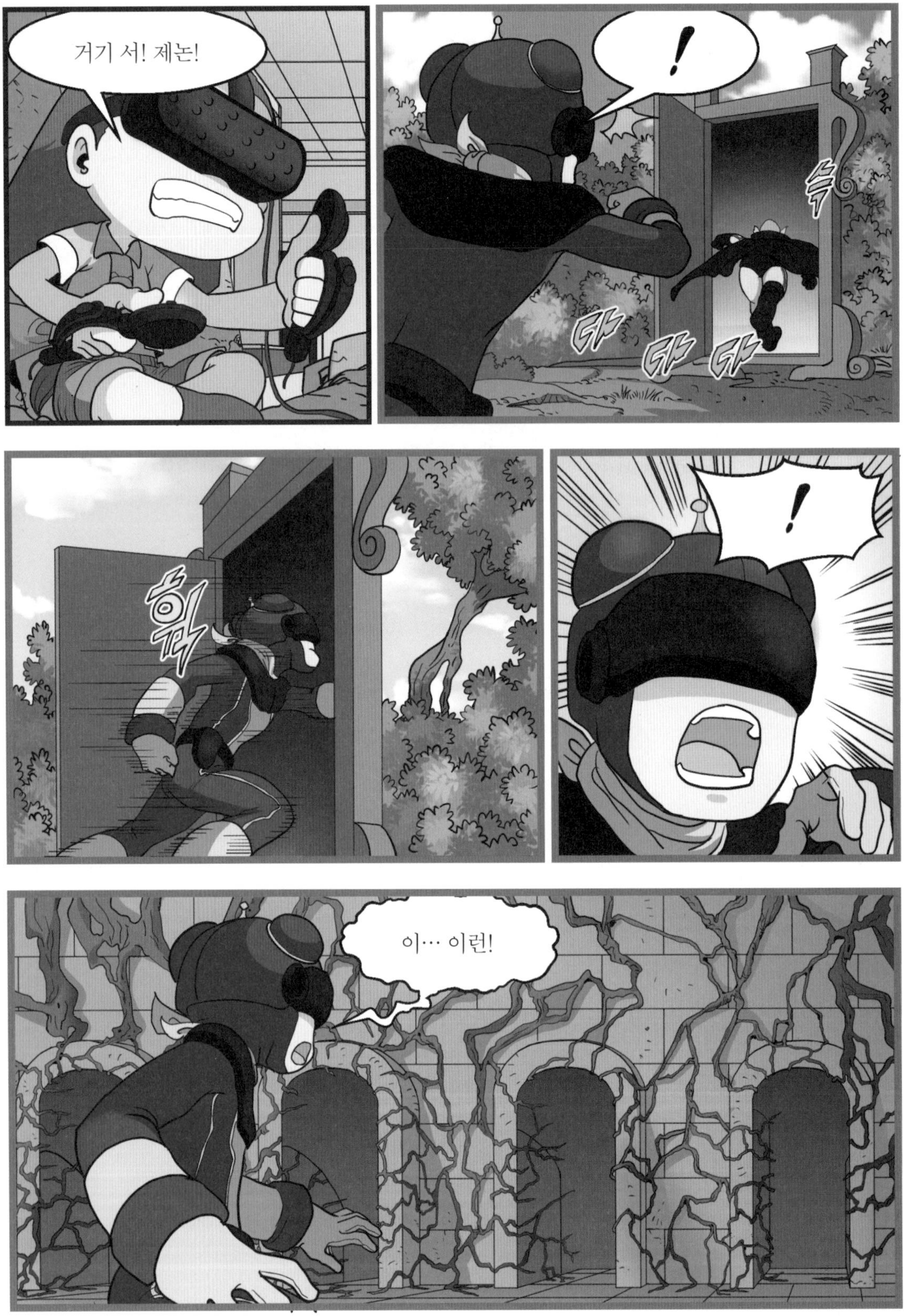
거기 서! 제논!
!
다
다
다
!
이… 이런!

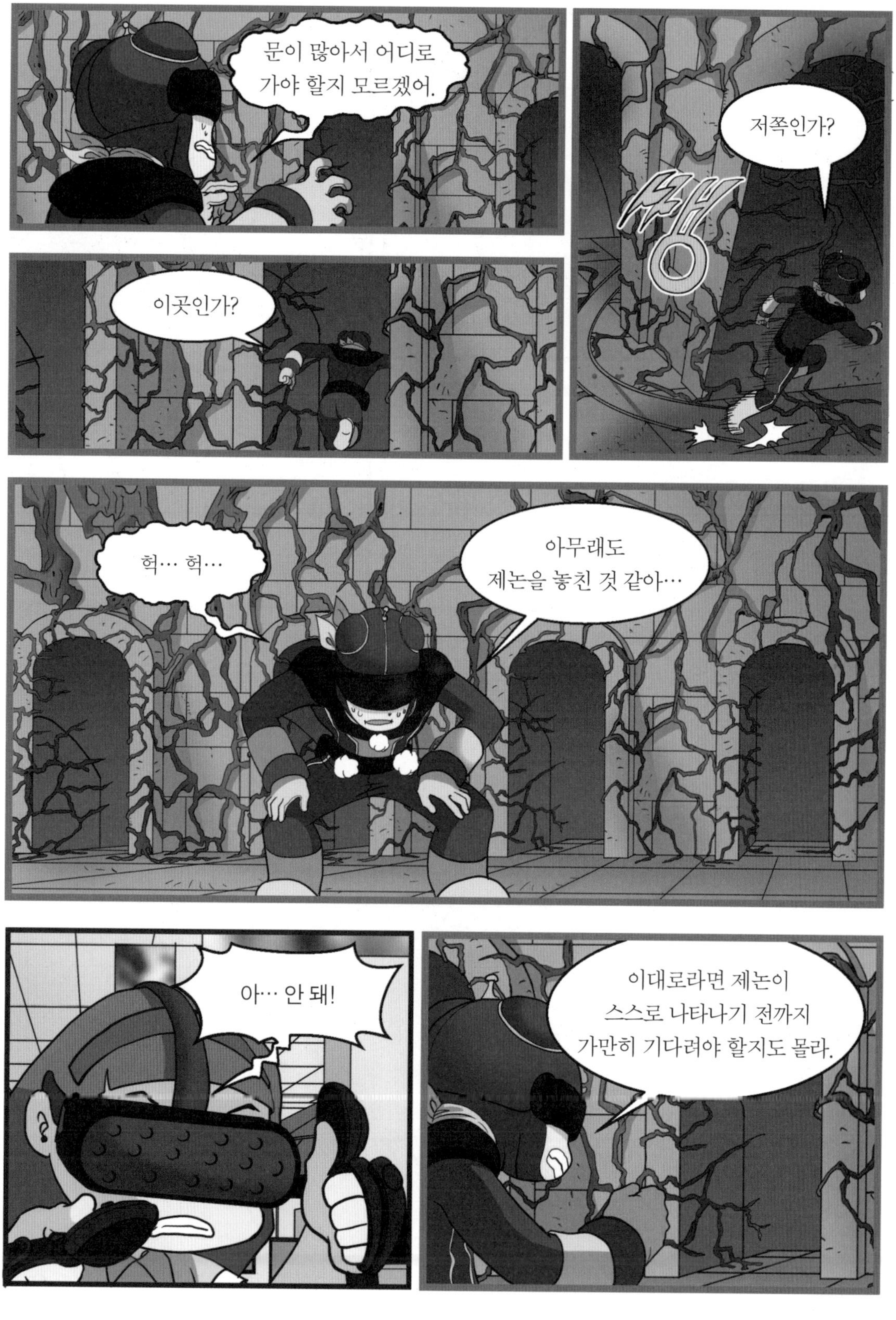
문이 많아서 어디로 가야 할지 모르겠어.
이곳인가?
저쪽인가?
쌩
헉… 헉…
아무래도 제논을 놓친 것 같아…
아… 안 돼!
이대로라면 제논이 스스로 나타나기 전까지 가만히 기다려야 할지도 몰라.

안 돼요 그건! 그러면 오늘
박람회장 사람들처럼 또 다른 피해자들이
생길지도 모르는데…

제논이라면
탈출하기 위해 새로운 우주선을
찾을지도 몰라요.

다른 방법이
없을까요?

……

그래! 그 방법이
있었지!

혹시 개발하는 프로젝트 중에
우주선이 나오는 프로젝트를
수행하신 분 계신가요?

웅성
웅성
웅성

82

저요.

저희가 개발한 프로젝트에 우주선이 나와요!

우주선이 어디 있나요?

그걸 이용하면 되겠어요.

저는 AR 기술을 이용한 방탈출 앱 개발에 참여하고 있었는데, 그 앱 속 마지막 방에 탈출용 우주선을 갖다놨어요.

증강현실 엔지니어

증강현실 엔지니어는 증강현실(AR) 시스템에 적용할 알고리즘을 개발하고 응용하는 프로그래머이다. 증강현실 엔지니어는 증강현실 기기 위에 나타나게 할 가상의 객체를 안정적이고 현실감있게 표현하는 시스템을 개발한다. 증강현실 엔지니어가 되려면 가상현실과 달리 현실 세계에 가상의 영상을 합성해야 하는 AR의 특성을 잘 이해해야 한다. 현실에서 스마트폰 카메라나 PC 캠 등을 이용하여 그 위에서 증강현실 기술이 구현될 수 있도록 알고리즘을 개발한 다음 최적화 작업을 거쳐 프로그램을 완성시킨다.

제논이라면 분명 그 우주선을 가지고 더 멀리 도망칠 궁리를 하고 있을 거예요.

제논을 도망치게 두면 안 돼요.

이곳에 있는 수많은 VR/AR 프로젝트들 속 유일한 우주선! 그 앞에서 기다리고 있으면 반드시 제논이 나타날 겁니다!

그런데 그게…

저희 앱 속에 우주선이 40여 개가 넘게 있거든요.

게다가 그 우주선을 타려면 퍼즐들이 잔뜩 준비된 방들도 여러 개 통과해야 해요.

방을 탈출하는 데 시간이 얼마나 걸리는데요?

방마다 다르긴 하지만 보통 30분 이상 걸려.

안 돼~! 우리가 이러는 사이에 제논은 우주선을 타고 도망칠지 모르는데…

뻥

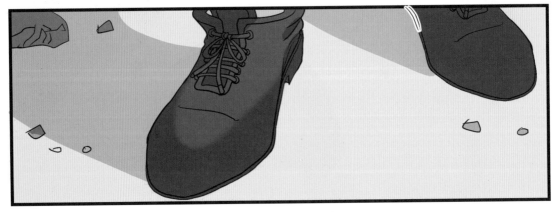

가상현실 증강현실 기기

가상현실이나 증강현실을 체험하려면 어떻게 해야 할까요? 손안에 들어오는 작은 기계를 쓰기만 하면 눈앞을 채우는 가상세계를 볼 수 있어요. 현실에 존재하지 않는 새로운 세계를 접하게 해주는 가상현실 증강현실 기기인 HMD는 어떤 것인지 알아볼까요?

● 가상현실 HMD

가상현실 체험을 위해 사용자가 머리에 장착하고 안경처럼 착용하는 디스플레이 디바이스예요. 사용자의 시야에서 외부를 차단한 후 가상세계를 보여줘요. 기기에는 마이크, 스테레오 스피커를 비롯해 여러 가지 센서 등이 탑재되어 있어요. 시중에서 많이 사용하는 기기로는 오큘러스 리스프, 삼성 기어 VR 등이 있어요.

● 증강현실 HMD

안경처럼 착용하여 영상을 확인할 수 있는 기기예요. 스마트폰 OS로 구동돼요. 증강현실 HMD는 시야에 보이는 현실에 가상세계 속 부가정보를 합쳐 하나의 영상으로 보여주는 증강현실을 구현해내요. 예를 들어 증강현실 HMD를 착용하고 현실의 매장 내 제품들을 바라보면 그 제품의 특성과 가격 등이 영상처럼 눈앞에 떠오르는 것이에요. 잘 알려진 기기로는 홀로렌즈, 구글 글래스 등이 있어요.

가상증강현실의 활용

가상증강현실을 활용한 서비스는 현재 우리 주변에서도 만나볼 수 있어요. 예를 들어 스마트폰 카메라로 주변의 거리를 비추면 해당 건물의 정보가 화면 속에 나타나고, 박물관에 전시된 모형을 스마트폰으로 비추면 모형이 살아 움직이는 모습을 보여주는 등 다양한 서비스들이 사용되고 있어요. 가상증강현실 기술이 분야별로 어떻게 활용되는지 알아볼까요?

● 엔터테인먼트

가상증강현실 기술은 비디오 게임에서 가장 많이 활용되고 있어요. 게이머는 가상현실을 사용하여 가상세계에 자신이 들어가거나, 증강현실을 통해 현실에 비디오 게임을 접목시킬 수 있어요. 또한 가상현실 영화와 콘서트도 볼 수 있는데요. 관람객이 영화나 콘서트 속으로 들어가 어떤 각도에서든 원하는 장면을 볼 수 있고 직접 참여하지 않고도 현장에 있는 것처럼 생생하게 경험할 수 있어요.

● 쇼핑

옷을 입어 보지 않고도 직접 입은 것 같은 모습을 볼 수 있고, 가구를 집에 배치하면 어떨지 살펴볼 수 있어요. 미국의 로우스사는 가정용 인테리어 매장 안에 '홀로룸'을 설치하여 고객들이 가상현실 기기를 이용하여 욕실과 주방을 가상으로 디자인할 수 있도록 했어요. 또한 마이크로소프트와 볼보는 제휴하여 자동차 구매자들이 원하는 기능을 홀로그램을 통해 미리 볼 수 있도록 프로그램을 만들었어요.

● 교육

가상증강현실 기술을 통해 학생들은 이순신 장군이 전투를 하는 모습이나 제2
차 세계대전이 일어나는 상황을 실제로 목격하듯 생생하게 경험할 수 있어요.
여름에도 체육관에서 스키를 탈 수 있고, 손흥민 선수와 함께 축구 시합을 할
수 있답니다.

● 국방

위험한 훈련이나 전투에 직접 참여하지 않아도 전투에 필요한 기술을 익힐 수 있
어요. 가상현실 속에서 훈련을 받으면 훈련 비용과 사고 위험을 줄일 수 있어요.

● 부동산

주택과 아파트의 가상현실 투어를 통해 매수자나 세입자가 해당 주택에 직접
찾아가지 않고도 여러 매물을 둘러볼 수 있어요.

● 의료

의사가 수술할 때 환자의 초음파나 CT 촬영 결과를 환자와 겹쳐 볼 수 있어 더
편하게 수술 집도를 할 수 있어요.

오감인터랙션으로 추적하자!

어쩌면 제가 도움이 될 수 있을지도 모르겠네요.

도와주실 수 있다구요?

← 오감인터랙션 소프트웨어

오감인터랙션 소프트웨어는 사용자의 행동에 실시간으로 반응하여 시각, 청각, 촉각, 후각과 미각 등 사용자의 오감을 자극하고, 몰입감과 현장감을 극대화한다. 즉 기존의 보고 듣기만 하던 가상현실 체험에서 소리의 방향에 따른 볼륨 조절과 후각, 미각, 촉각까지도 실제처럼 느낄 수 있도록 발전시키는 것이 오감인터랙션 소프트웨어다.

지금은 오감인터랙션 소프트웨어가 주로 영화, 게임 등 문화 콘텐츠 사업에 사용되고 있지만, 앞으로는 스포츠, 의학, 특히 재활 등 다양한 분야에서 활용 가능할 것이라는 전망이다.

또한 인공지능 로봇과 감성적, 감각적 소통을 하기 위해서 오감인터랙션 소프트웨어에 대한 연구가 더욱 활성화될 것이다.

오감은 보고, 냄새를 맡고, 소리를 듣고, 맛보고, 느끼는 다섯 가지 감각을 말해.

그리고 오감인터랙션은 사용자의 행동에 실시간으로 오감을 자극하여 몰입감과 현장감을 극대화하는 실감 콘텐츠를 제작하고 전송하는 기술 분야를 의미해.

그걸 개발하신다고요?

오감인터랙션 개발자는 가상현실, 증강현실을 이용하는 사람들의 오감을 자극해서 콘텐츠를 좀 더 실감나게 체험할 수 있는 기기와 프로그램을 만든단다.

← 오감인터랙션 개발자

오감인터렉션 개발자는 사용자의 섬세한 경험을 위해 다양한 오감인터랙션 기술을 개발하고, 현실 환경과 흡사하게 구축하기 위해 데이터를 수집하고 분석하는 일을 한다. 오감인터랙션 개발자가 되려면 3D 콘텐츠와 VR, AR, UI, UX 기술에 대한 지식이 필요하다. 또한 상상력, 창의력, 끈기가 있어야 하고 인간의 감각을 자극하여 더 새롭고 생생한 경험을 제공해야 하기 때문에 인간의 생체와 환경에 따른 변화를 잘 이해할 수 있어야 한다.

그게 가능해요?

그럼. 실제로 VR을 통해 돌아가신 부모님을 만나 뵙고, 껴안고, 손을 잡고, 이야기를 나누면서 현실에서 만나는 것처럼 오감으로 느낄 수 있단다.

오감을 느끼려면 프로그램의 도움뿐만 아니라 각종 실물 기기들의 도움까지도 필요하기 때문에 VR, AR에 대한 전반적인 이해도가 요구된단다.

프로그램만 개발한다고 오감을 느낄 수 있는 것도 아니고, 기기만 있다고 오감을 느낄 수 있는 것도 아니야.

우와~ 대단하네요.

그러면 어떻게 오감을 느끼는 거예요?

감각기관을 미세한
전기로 자극해 특정 음식을
맛보거나 냄새를 맡는 것처럼
느끼게 하는 거야.

전기로 자극을 줘서요?

그렇단다.
가상현실과 증강현실을
현실처럼 느끼는 데 있어서
없어서는 안 될 핵심 요소가
오감인터랙션이란다.

정말 그렇겠네요.

만약 가상현실 속에서
물병을 들면 그 무게까지도
느낄 수 있게 하는 기술인 거지.

그런데 저희를 어떻게 도와주실 수 있어요?

나는 네가 특정 냄새를 맡을 수 있게 할 수 있단다.

그러고 보니 제논한테서 고약한 냄새가 났는데…

아빠! 제논을 찾을 수 있을 거 같아요.

나도 어느새 이 세계에 적응이 돼가고 있나보군.

좋아! 이제 연우의 도움 없이 움직여 봐야지.

노이만! 듣고 있나요?

연우구나! 무슨 일이야?

노이만! 제논이 찾는 우주선을 우리도 찾을 수 있을 거 같아요!

그게 사실이야?

오감인터랙션 개발자 덕분에 가상세계에서도 오감을 느낄 수 있거든요!

그거 잘됐군! 드디어 제논 녀석을 잡을 수 있겠어!

전 노이마을 도울 순 있지만 직접 잡을 순 없어요. 제논을 잡는 건 같은 디지털 세계에 있는 노이마밖에 할 수 없는 일이에요.

걱정마 연우야! 네가 도와준다면 꼭 해낼 수 있어!

연우야, 준비 다 됐어!

네, 아까 제가 부탁드린 것도 해주신 거죠?

물론이지!

설마 그런 아이디어를 낼 줄이야. 감탄했어!

에헤헤~

이제 제논 잡으러 가자. 연우야, 너만 믿는다!

넵!

어디…

여기서부터 발자국이
끊겼어요.

이제부터는
다른 방법으로
찾아야 해.

쿵 쿵

띠릭
냄새감지

찾았어요!
이 냄새… 분명 제논에게서
나던 그 냄새예요!

오감인터랙션에 대한 기기 개발은 후각으로까지 발전해나가고 있다. 특정 냄새를 내뿜는 분무기 형태의 상호작용 기기부터 직접 콧구멍에 기기를 삽입해 전기 자극으로 특정 냄새를 재현해낼 수 있는 기기까지 다양한 기기 개발이 이뤄지고 있다.

100

여기로 제논의 냄새가 이어지고 있어!

철컥

철컥

앗 따가워!

헉헉-

헉
헉
헉

촉감을 더한 오감인터랙션 기기

기존 오감인터랙션 기기는 VR 컨트롤러처럼 모션을 인식하고 버튼을 통해 해당 명령을 수행하는 형식이 많았다. 하지만 감압과 촉각을 느낄 수 있는 VR 기기인 장갑을 끼게 되면 가상의 3D 사과를 손에 쥐었을 시 그 크기를 느낄 수 있게 되고, 그 감촉까지 우리 손에 전달해주는 개발이 이루어지고 있다. 오감인터랙션 기기에 촉감 재현 기술이 더해지면 가상의 애완동  물을 만지고, 가상현실 바다에서 파도의 촉감을 느끼며 수영할 수도 있게 된다.

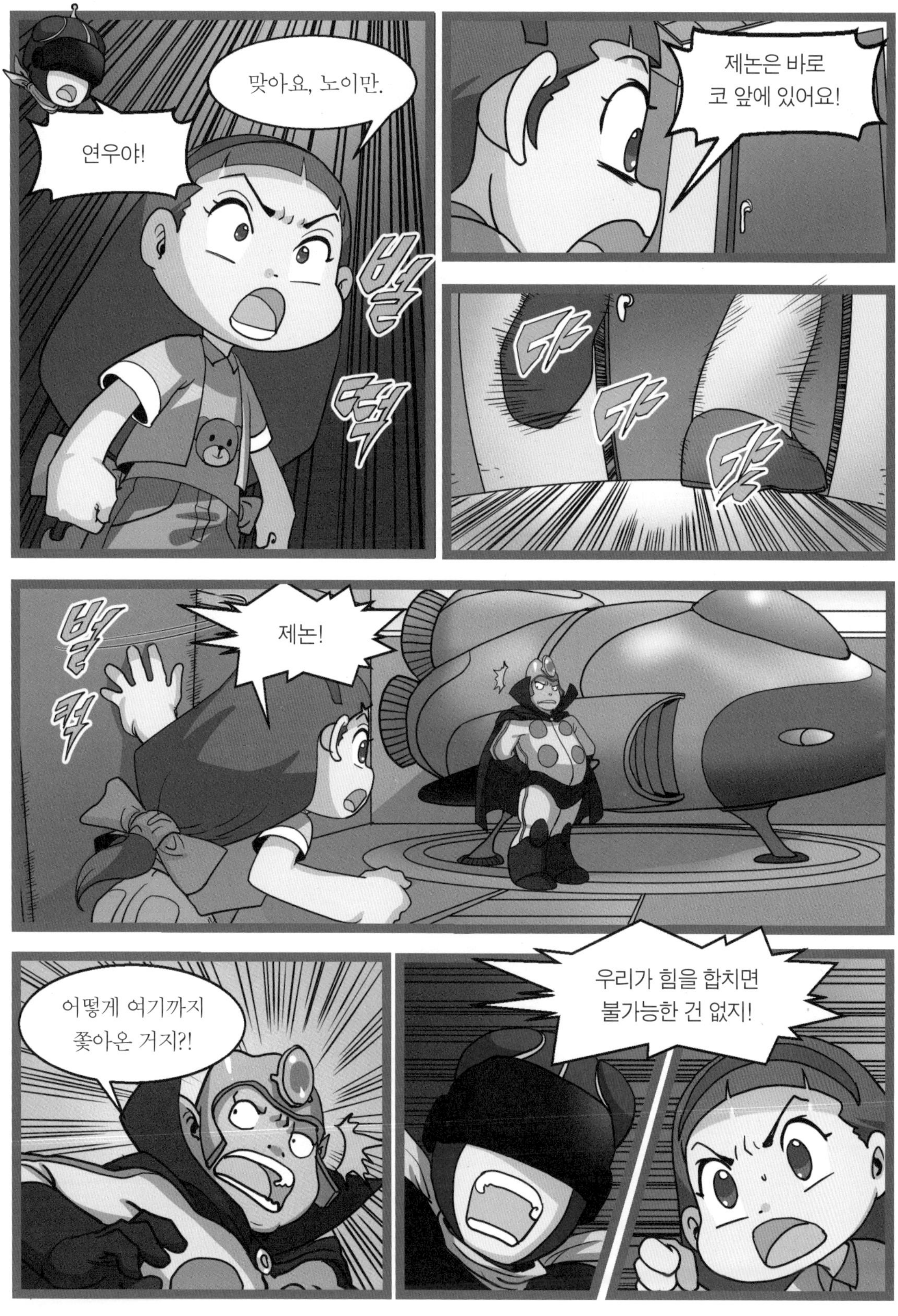
연우야!
맞아요, 노이만.
제논은 바로 코 앞에 있어요!
벌떡
다다닥
벌컥
제논!
어떻게 여기까지 쫓아온 거지?!
우리가 힘을 합치면 불가능한 건 없지!

첫!

끄악!

놓치지 않는다!

이 녀석!

으악!

제논을 잡을 수 있는 건 노이만 당신 뿐이에요!

으하하하 노이만! 아직은 이 디지털 세계에 완벽히 적응하지 못했는지 움직임이 굼뜨구나!

이런… 여기까지 왔는데!

안 돼요, 노이만!

오감인터랙션 개발자님~

알았어!

그럼 잘 있거라, 노이만!

안 돼! 너 같은 악당을 절대 놓칠 수 없어!

이 녀석!

어림없다!

으악!

놀랍지? 얘는 얼마 전 '렛츠 트레이닝'에서 잡은 전설의 몬스터라구!

아까 오감인터랙션 개발자 언니에게 부탁해서 프로그래밍으로 이 앱 속에 구현해냈지!

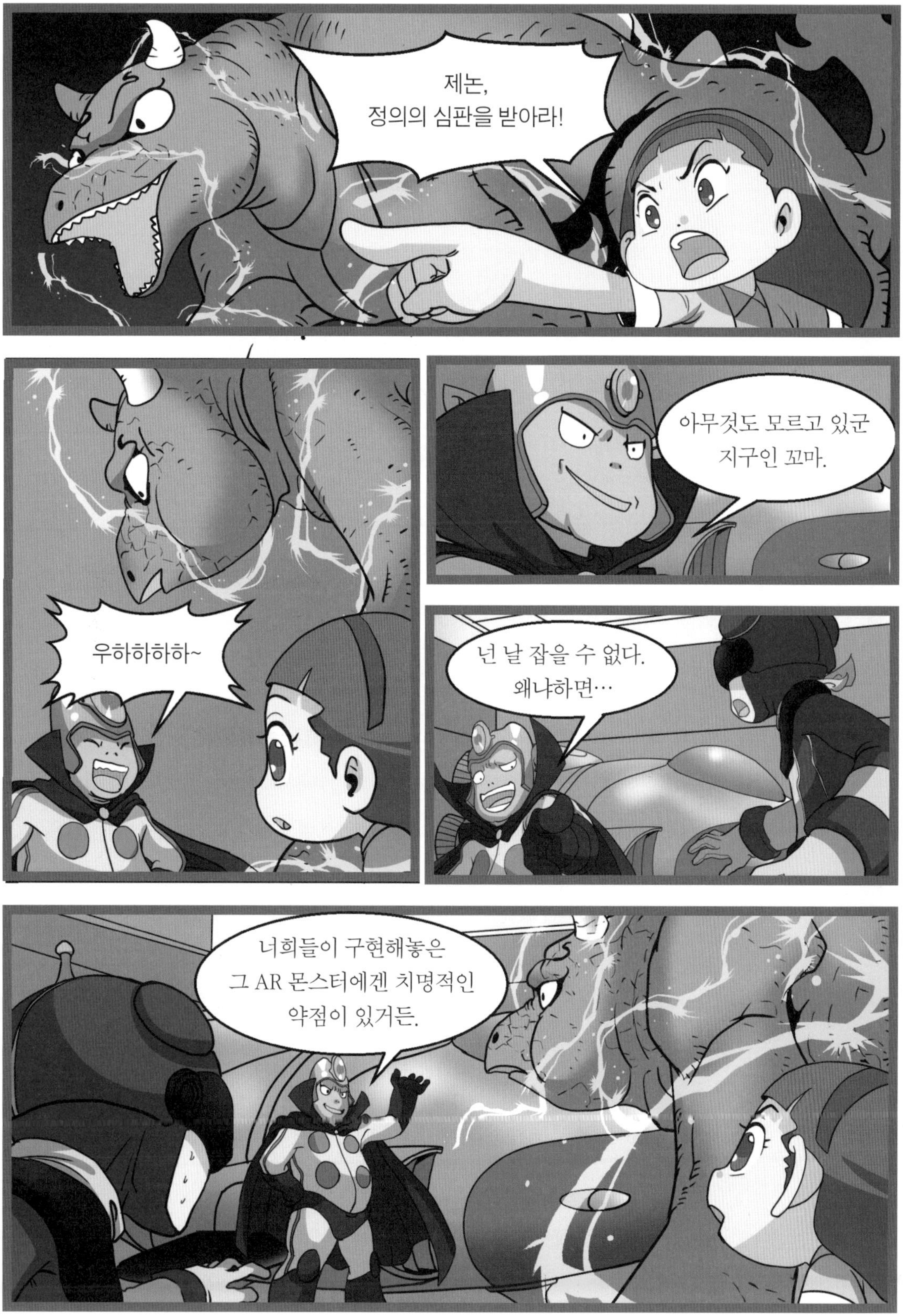
제논,
정의의 심판을 받아라!
우하하하하~
아무것도 모르고 있군
지구인 꼬마.
넌 날 잡을 수 없다.
왜냐하면…
너희들이 구현해놓은
그 AR 몬스터에겐 치명적인
약점이 있거든.

증강현실을 활용하는 기업

우리나라 특허청의 발표에 따르면 증강현실 애플리케이션에 대한 특허출원이 지속적으로 증가하고 있다고 해요. 2017년 증강현실 기술을 이용한 모바일 게임인 포켓몬 GO가 전 세계적으로 열풍을 일으키면서 세계 여러 나라의 기업들도 증강현실을 이용한 서비스를 출시하고 있는데요. 기업들이 어떻게 증강현실을 활용하고 있는지 알아볼까요?

● 이케아

가구회사 이케아는 증강현실 애플리케이션인 '이케아 플레이스'를 선보였어요. 이 앱을 이용하면 고객이 제품을 구매하기 전 자신이 원하는 현실 공간에 가상의 가구를 배치해 보고 디자인은 어울리는지, 크기가 맞는지 등을 확인할 수 있어요. 제품의 크기, 디자인, 색상까지 미리 검토할 수 있어서 소비자들에게 큰 인기를 끌었어요. 제품 교환이나 환불 건도 줄었어요.

● 구찌

증강현실 기술을 통해 전용 애플리케이션에서 고객들이 가상으로 구찌 운동화를 착용할 수 있도록 했어요. 매장을 방문할 시간이 없는 고객들에게 보다 손쉽게 제품 착용 경험을 도와 잠재 고객을 끌어내고 판매율을 높일 수 있어요.

● 인스타그램

쇼핑 기능을 강화하기 위해 '인스타그램 체크아웃'을 출시하면서 증강현실 가상피팅 기능을 추가했어요. 가상피팅은 사용자가 가상으로 다양한 옷을 입어볼 수 있는 기능이에요. 사용자의 얼굴 및 신체를 인식해서 제품의 다양한 스타일, 색상, 크기에 맞춰 실제 착용한 것처럼 체험할 수 있어요.

● 로레알

애플리케이션을 통해 다양한 메이크업 제품 테스트는 물론 피부 진단 서비스까지 제공하고 있어요. 또한 '스타일 마이 헤어'란 애플리케이션을 출시하여 고객의 얼굴에 어울리는 헤어 스타일과 색상을 증강현실을 통해 체험해 볼 수 있도록 했어요.

혼합현실의 세계

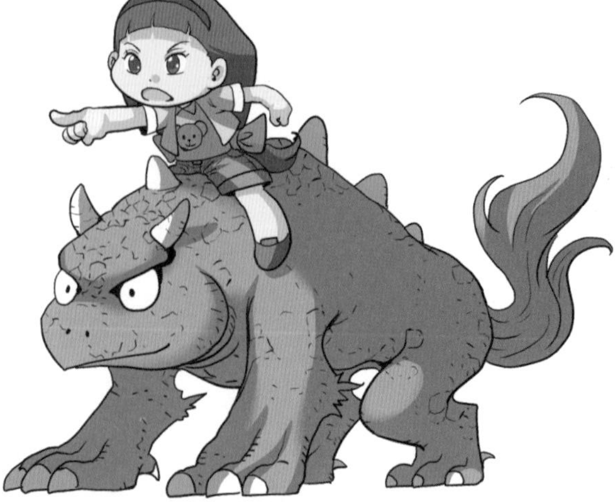

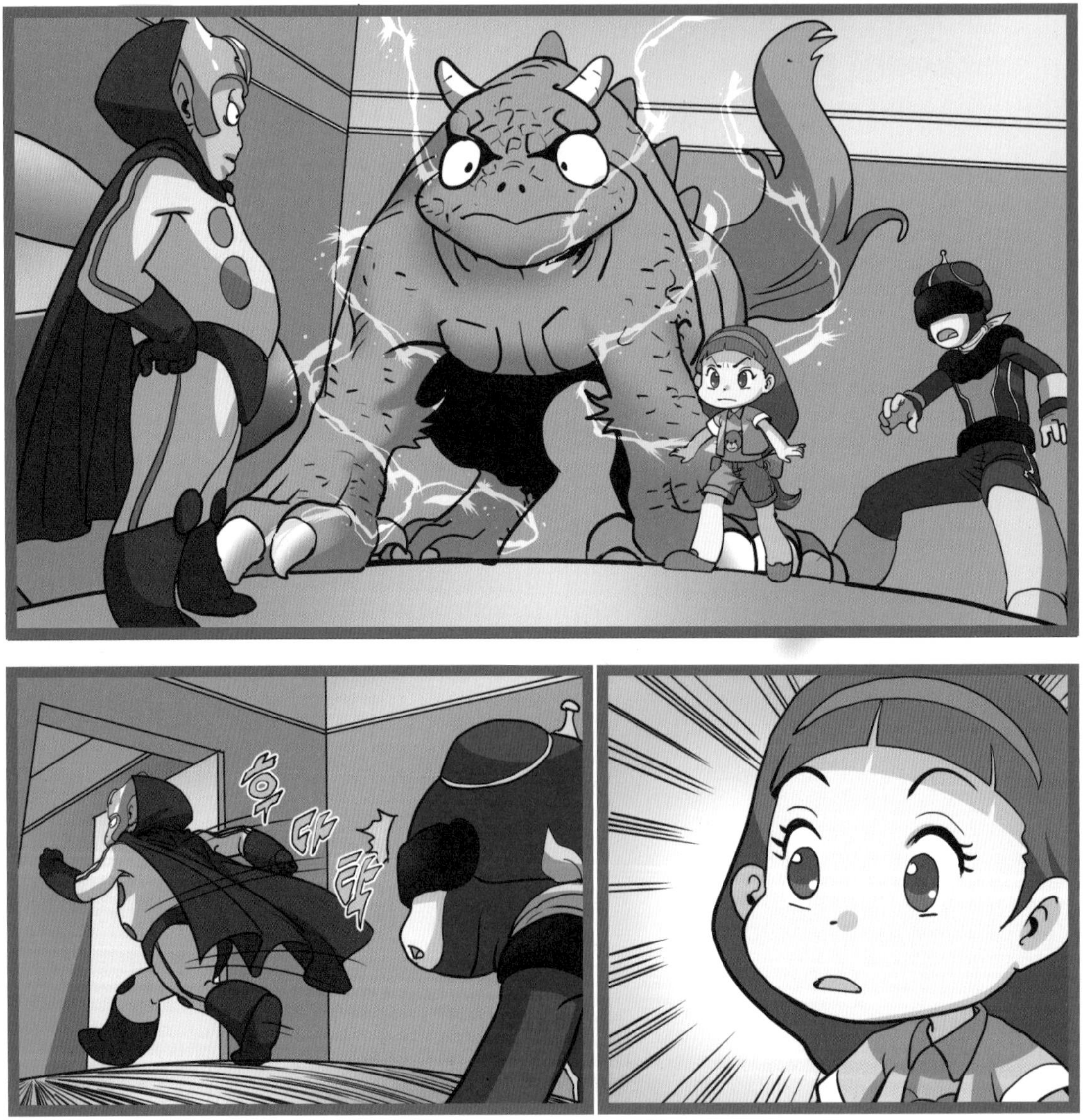
후다닥

으하하하하! 자, 어디 한번 공격해보시지!

당했다! 제논은 VR과 AR이 가지는 한계를 분명히 알고 있었어!

VR은 인물, 배경 등 모든 요소가 가상인 세계이고

AR은 현실에 가상의 요소를 더한 거야.

예를 들어 문 앞에 AR 강아지를 불러냈다고 하더라도 그저 문 앞에 있을 뿐, 문 안으로 들어가거나 나오는 상호작용은 불가능해.

지금처럼 제논이 옆 방으로 건너가버리면 AR 몬스터는 아무것도 하질 못해!

걱정마세요.

몬스터, 가라!

아… 아니?

끄악!

어… 어떻게 된 거지?
몬스터가 이쪽 방으로
건너오다니…

아무것도 모르겠다는
표정이군.

어떻게 된 거니,
연우야?

혼합현실이라고?

혼합현실을
이용한 거예요.

← 혼합현실

혼합현실은 증강현실의 의미를 포함하는 기술로, 실제로 존재하는 사물이나 환경에 가상의 사물이나 환경을 덧입혀서 보여주는 컴퓨터 그래픽 기술이에요. 현실과 가상이 자연스럽게 상호작용할 수 있는 환경을 사용자에게 제공해서 가상현실이나 증강현실보다 더 풍부한 체험을 할 수 있도록 해요. 체육관 바닥 위로 거대한 고래가 뛰어올라 마치 바다 위처럼 헤엄치는 모습을 볼 수 있고, 해파리가 움직이는 것을 바로 눈앞에서 볼 수 있어요.

연우야, 내가 도와줄게.
나는 홀로그램 전문가란다.

홀로그램 전문가요?

그래, 혼합현실을
지원하는 하드웨어 및
소프트웨어를
개발한단다.

혼합현실은 뭐예요?

혼합현실은
가상현실과 증강현실의 단점을
보완해 더욱 진화된 가상 세계를
구현하는 기술이란다.

가상현실, 증강현실의 단점

가상현실은 몰입도가 높아 게임이나 영화 등 엔터테인먼트 산업에 많이 활용되지만, 장시간 사용하면 두통이나 멀미가 생기는 단점이 있다.
증강현실은 정보전달 효과가 뛰어나지만, 상대적으로 가상현실보다 몰입도가 낮다는 게 단점이다.

가상현실을 현실세계로 옮긴 개념, 즉 현실세계에서 보이는 진보된 AR 형태란다.

가상현실의 몰입도와 증강현실의 현실감을 결합시켰기 때문에 가상의 물체를 실제 있는 것처럼 느낄 수 있도록 해주고 동시에 상호작용할 수 있도록 해주지.

상호작용이라니, 대단한데요?

이게 꼭 필요할 거야!

감사합니다.

← 홀로그램 전문가

홀로그램 전문가는 홀로그램을 이용하여 공연, 전시 등을 기획하고 콘텐츠를 생산하며 영상장비를 운영하는 일을 한다.
홀로그램 전문가는 혼합현실을 지원하는 하드웨어 및 소프트웨어를 개발하고 혼합현실 데이터의 출력 품질을 개선하여 물리적 현실과 디지털 세계를 더 매끄럽게 통합하는 주체가 될 것으로 전망된다.

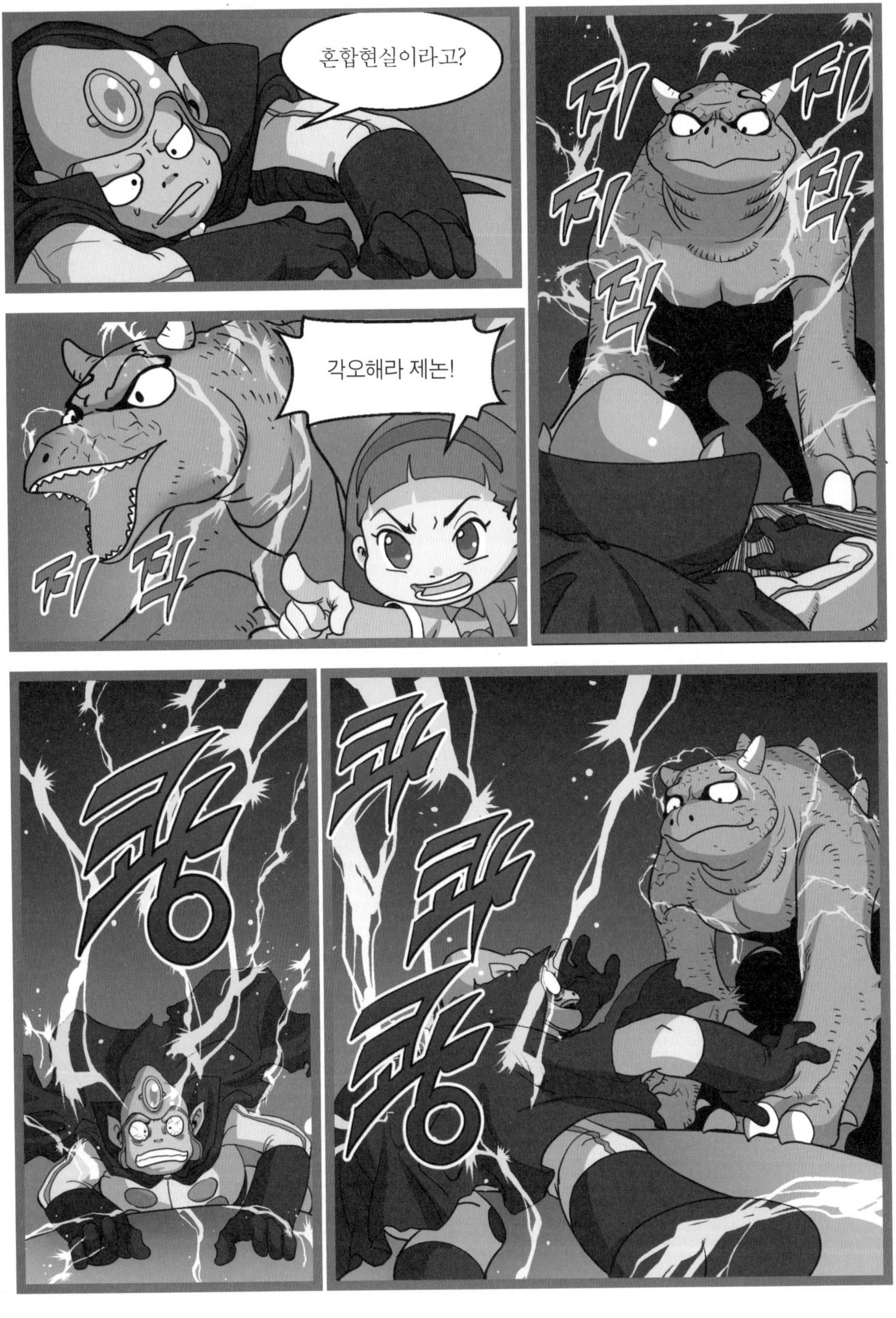
혼합현실이라고?
지지직
지직
각오해라 제논!
지직
쾅
콰콰쾅

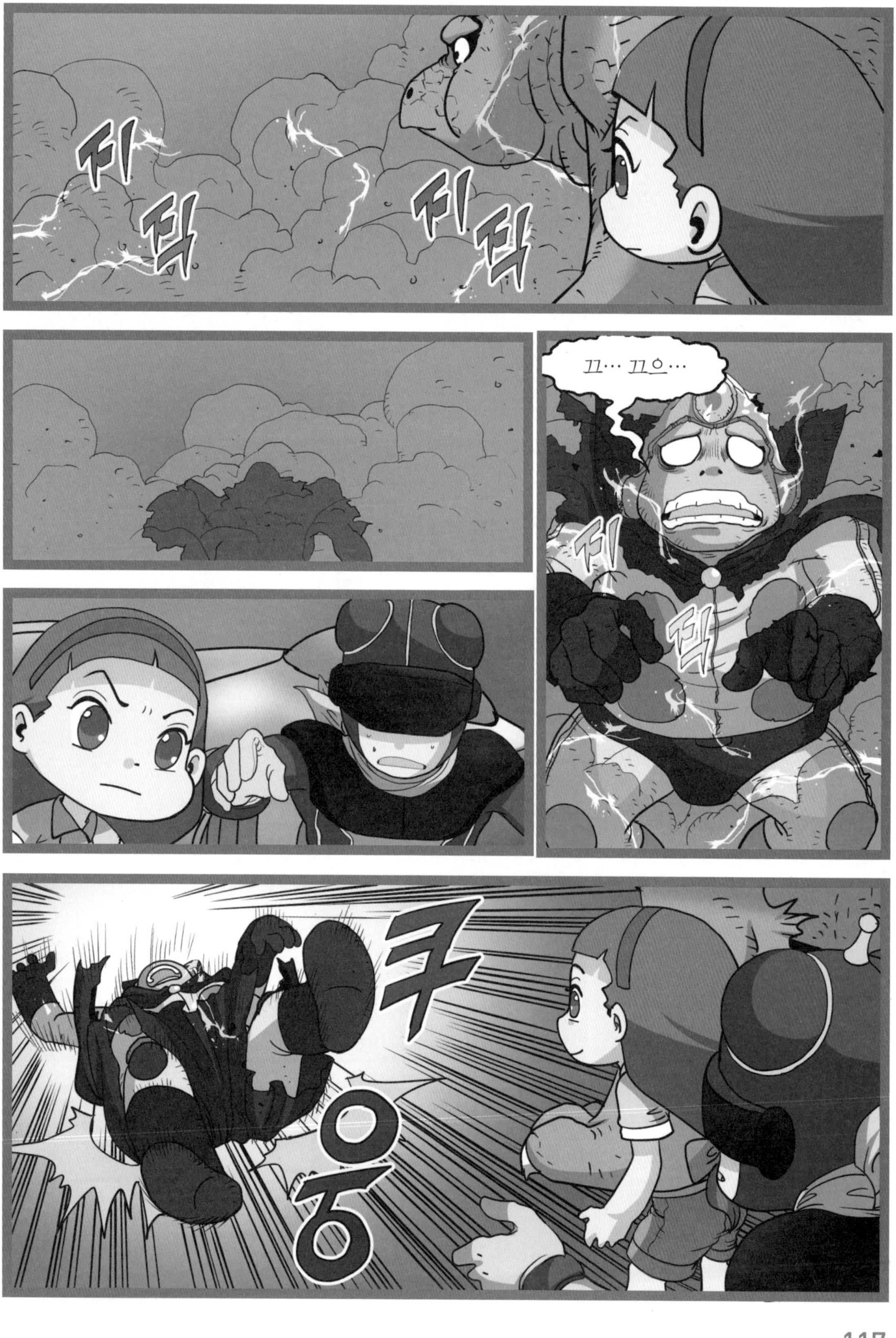

지직
지직
끄… 끄으…
지직
쿠웅

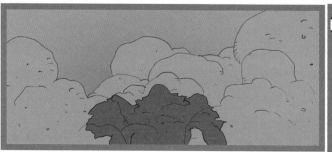

제논! 널 절도 및 납치 혐의로 체포한다!

해냈다!!

와아!!

연우의 도움으로 노이만은 체포한 제논과 함께 현실 세계로 돌아왔다.

노이만…

정말 고맙다, 연우야.

나 혼자였다면 제논을 잡지 못했을 거야.

이제 떠나는 건가요?

왜… 아쉽니?

네…

아쉬워 하지마, 연우야.
모든 끝맺음은 또 다른 시작을
위한 거니까.

그게 무슨 말이에요?

정말 멋진 플레이었다.
이연우!
최고의 해피엔딩이야!

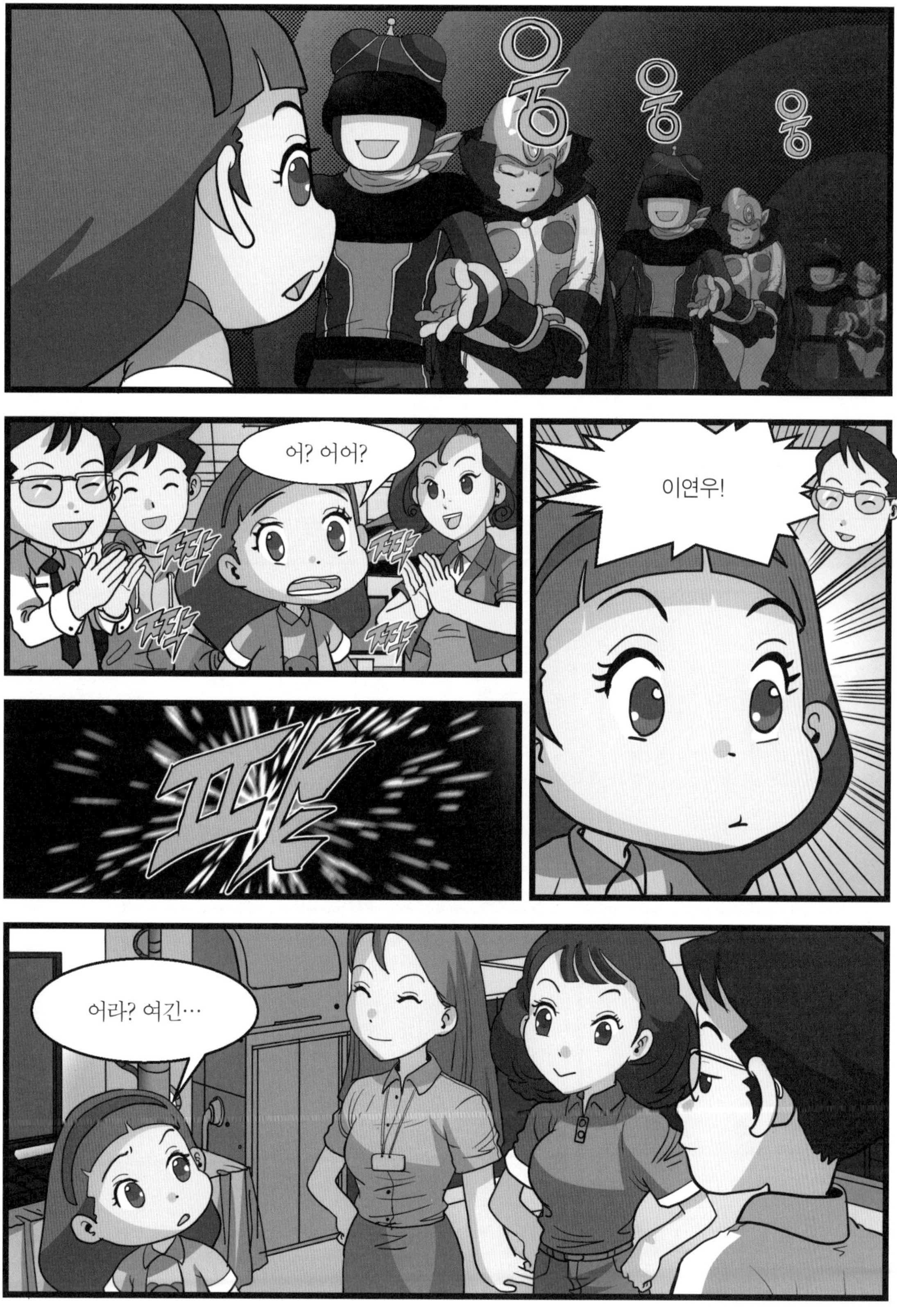
웅
웅
웅
어? 어어?
짝
짝
짝
짝
이연우!
파앗
어라? 여긴…

어떻게 된 거예요?

네? 그럼 이 모든 게
다 가상증강현실이었어요?

아빠가 새로 개발한
〈외계인과의 대결〉 프로그램
어떠냐?

그렇단다.

VR기기인
고글이나 컨트롤러도
없었는데…

내가 가상증강 세계 속에
있단 것은
상상도 못했어요.

어떻게 이런 게
가능한 거예요?

정확히 말하면
혼합현실 기술이란다.

그래, 맞아.
혼합현실은
별도의 안경을 쓰거나
장비를 착용하지 않고도
실제와 같은 가상현실을
접할 수 있단다.

지난 번 홀로그램 전문가 아저씨가
말한 혼합현실이요?

사실감을 극대화한 3D 입체 영상을 현실 공간에 구현하는 거지.

와, 정말 신기하네요.

가상현실이나 증강현실보다 혼합현실이 많이 쓰일 것 같아요.

그래, 맞아. 혼합현실의 활용 분야는 점점 많아지고 있어.

군대에 간 아들이나 해외 유학중인 딸의 모습을 눈 앞에 나타나게 할 수도 있고

같은 공간에서 만나 대화하는 것처럼 악수하고 만질 수도 있지.

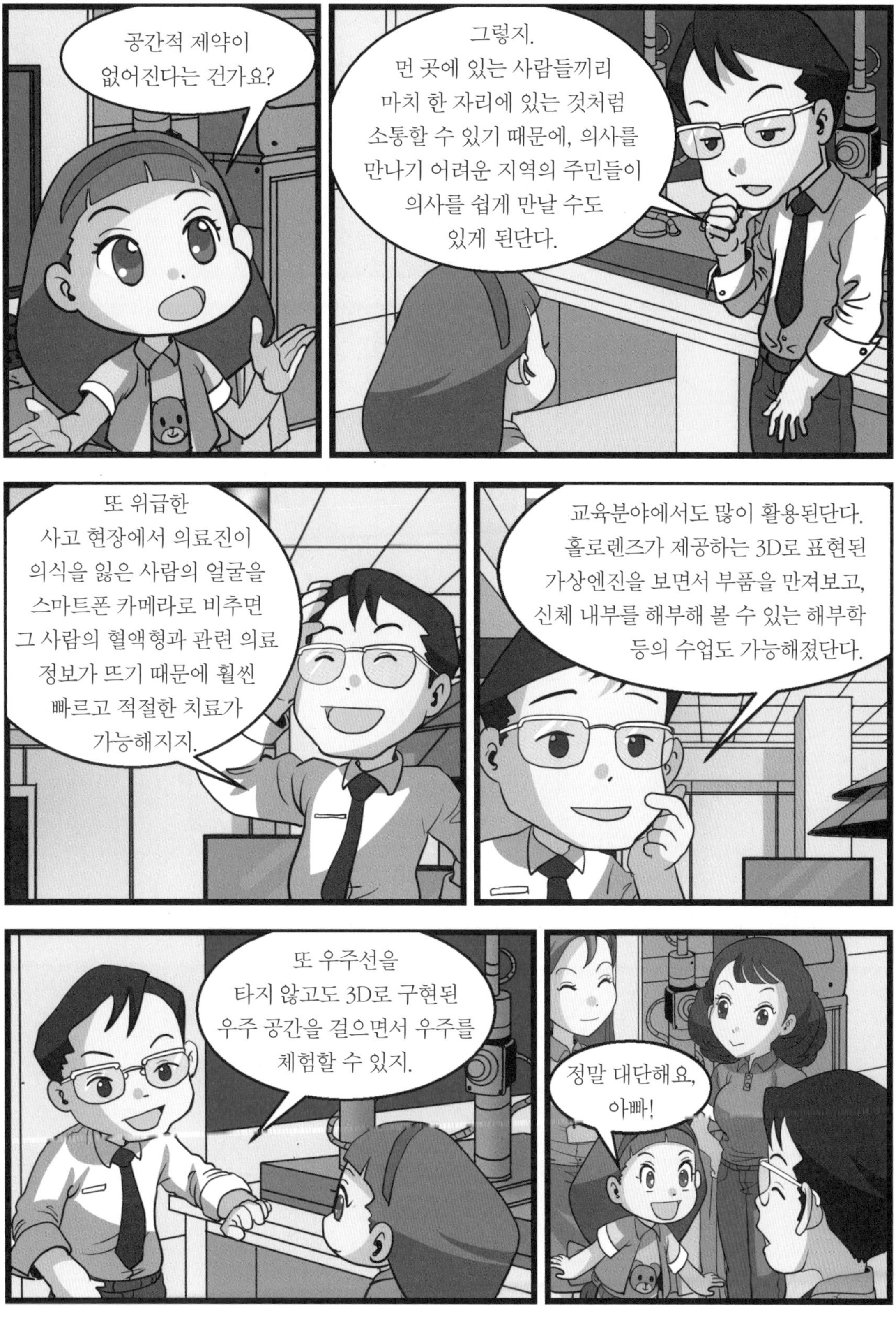
공간적 제약이 없어진다는 건가요?
그렇지. 먼 곳에 있는 사람들끼리 마치 한 자리에 있는 것처럼 소통할 수 있기 때문에, 의사를 만나기 어려운 지역의 주민들이 의사를 쉽게 만날 수도 있게 된단다.
또 위급한 사고 현장에서 의료진이 의식을 잃은 사람의 얼굴을 스마트폰 카메라로 비추면 그 사람의 혈액형과 관련 의료 정보가 뜨기 때문에 훨씬 빠르고 적절한 치료가 가능해지지.
교육분야에서도 많이 활용된단다. 홀로렌즈가 제공하는 3D로 표현된 가상엔진을 보면서 부품을 만져보고, 신체 내부를 해부해 볼 수 있는 해부학 등의 수업도 가능해졌단다.
또 우주선을 타지 않고도 3D로 구현된 우주 공간을 걸으면서 우주를 체험할 수 있지.
정말 대단해요, 아빠!

하하하~ 연우한테 인정받으니까 세상을 다 얻은 기분인데?

여기서 끝이 아니에요.

축하해요, 오빠. 이번에 오빠가 기획한 프로젝트 대박이었어요.

다들 고마워요~

짝짝짝. 짝짝짝.

오늘 정말 최고의 날이에요!

후

아빠!

응?

녀석 평소엔
아빠 하는 일에 대해
궁금해하지도 않더니…

내가 노이만과
함께 제논을 무찌르는
이야기는 어떻게
생각한 거예요?

만약 현실에
정말 외계인이 침공해온다면
많은 사람이 다치고 위험에 처했겠지.
하지만 'VR이라면 전혀 위험하지 않으면서
재미를 느낄 수 있지 않을까?' 하는 생각에서
출발한 기획이었지.

이런 걸 만들다니 정말 대단해요. VR 기획자는 대단한 거 같아요.

이건 VR 기획자 혼자서 만들 수 있는 건 아니야.

VR 기획자란 건 말 그대로 사람들에게 어떤 VR 콘텐츠를 보여줄지 기획하는 사람이야.

← VR 기획

VR 기획이란 어떤 VR 콘텐츠를 만들지 기획하는 것이다. 새로 만들 콘텐츠가 기존 콘텐츠들과 차별화되는 점은 무엇인지, 그 차별점들을 어떤 식으로 구현할 것인지 등을 기획하여 3D 디자이너, 프로그래머 등과 협업하여 완성한다.

디자이너, 프로그래머 등 많은 분이 힘을 합해야 완성되는 거야. 이 프로젝트도 처음에 제논이란 악당으로부터 노이만과 우리가 세상을 구할 수 있는 이야기를 생각해냈고, 그걸 토대로 코딩을 하고, 3D모델을 만들고, 생생한 음향효과를 입히는 등의 과정을 거쳐 오늘 이렇게 연우에게 내놓을 수 있게 된 거란다.

그중에서도 제일 중요한 사람이 누구예요?

3D 프로그램을 통해서 가상현실에 필요한 그래픽 작업을 하는 3D 디자이너지!

아니, 컴퓨터 언어를 이용해 프로그램을 개발하고 애플리케이션을 만드는 VR/AR 기술개발자 아닐까?

연우야, 프로그래머가 제일 중요하지 않겠어?

하하.

다들 대단하신 거 같아요.

저도 가상증강현실 전문가가 되고 싶어요!

가상증강현실 전문가가 되려면 어떻게 해야 해요?

현실에는 없는 것을 창조해서 보여줘야 하기 때문에 상상력과 창의력이 필요해.

빠른 행동력과 동료와의 협업이 중요하기 때문에 원활한 의사소통 능력도 중요하지.

가상의 시공간에 대한 폭넓은 응용력이 필요하기 때문에 공간 식별 능력이 필요해.

근데 가상현실, 증강현실 둘 중에 뭐가 더 좋을까요? 혼합현실이 더 좋을까요?

어떤 것이 더 좋고 나쁘고는 없어.

화면 속에 나를 대신하는 캐릭터가 있는 건 가상의 세계를 보여주는 가상현실

내가 직접 플레이어가 되어 게임을 하는 건 현실 이미지에 가상의 이미지를 얹은 증강현실이야.

그리고 현실 세계로 진짜같은 가상 이미지를 불러내는, 즉 내가 앉아 있는 자리에 상어가 나타나는 것이 혼합현실이야.

가상현실, 증강현실, 혼합현실을 아우르는 확장현실도 있단다.

확장현실이요?

← 확장현실

확장현실(XR, Extended Reality)은 가상현실, 증강현실, 혼합현실을 모두 아우르는 기술이다. 현실과 가상 간의 상호작용이 더욱 강화되어 현실 공간에서 손을 뻗으면 실제로는 없는 가상의 물체에 닿는 촉감을 느낄 수 있게 만든다. 또한 가상공간에서 후각, 미각, 촉감 등 다양한 감각을 느낄 수 있게 해 더 생생한 체험을 제공한다. 빠르게 발전하는 분야인 만큼 애플과 구글 등 글로벌 기업들의 확장현실 개발 경쟁도 치열한 수준이다.

'360도 뷰', '공간음향' 등의 요소를 갖춰 실제와 같이 자연스러운 체험을 가능하게 하지. 예를 들면 러닝머신 위를 걸으며 마추픽추를 실제로 걷는 것과 같은 경험을 할 수 있는 거야.

나중에는 어떤 것이 현실이고 어떤 것이 가상인지 구분이 안 될 거 같아요.

정말 믿어지지가 않을 정도예요.

맞아, 현실과 가상의 벽이 허물어지고 있지. 그렇기 때문에 이것을 어떻게 활용하느냐가 무엇보다 중요하지.

앞으로 가상현실, 증강현실, 혼합현실은 의학, 항공, 교육, 국방, 쇼핑, 건설 등 모든 분야에서 다양하게 활용될 거야.

무엇이 중요한지가 아니라, 네가 하고 싶은 일이 무엇인지 아는 것이 제일 중요하단다.

VR이나 AR은 말하자면 '그릇'같은 거야.

VR 그릇에 영화를 담으면 VR 영화가 되는 거고, AR 그릇에 게임을 담으면 AR 게임이 되는 거지.

중요한 건 연우 네가 뭘 만들고 싶은가야.

네, 명심할게요. 뭘 만들고 싶은가…!

공포증을 치료하는 가상현실

가상현실은 게임을 즐기거나 교육, 항공, 군사 분야 등에서 주로 학습 목적으로 사용되어 왔어요. 그런데 가상현실을 이용하여 심리적인 치료를 한다면 어떨까요? 가상현실 기술은 공포증을 치료하는 데도 쓰이고 있어요. 어떤 치료법인지 알아볼까요?

VR 치료는 가상현실을 이용하여 공포심을 일으키는 물체와 환자를 계속 마주하게 함으로써 공포의 대상이 점점 익숙해지게 만드는 치료법이에요. 안전한 환경에서 단계별로 가상의 공포에 노출되기 때문에 환자 스스로 통제력을 높일 수 있어요. 예를 들어 강아지를 무서워하는 환자는 먼 거리에서 가상의 강아지를 보다가 가까운 거리에서 보고, 나중에는 촉감으로 만져보기도 하는 등 단계별로 강아지를 마주함으로써 강아지에 익숙해지고 공포를 줄이게 되는 것이에요. 가상의 환경이기 때문에 환자가 진짜 위험에 빠질 일이 없고, 공포나 트라우마 같은 추상적인 상황을 정확하게 진단할 수 있어요.

● VR 치료의 장점
① 시공간의 제약 없이 환자에게 맞는 치료가 가능해요.
② 환자의 사생활을 지킬 수 있어요. 공공장소에 노출되지 않아 사람의 이목을 끌지 않을 수 있기에 난처함을 피할 수 있어요.
③ 치료사가 상황을 보다 쉽게 통제할 수 있어요. 환자가 두려워하는 상황이 악화될 경우 언제든 멈출 수 있어요.
④ 언제 어디서든 쉽게 치료를 할 수 있고, 반복적으로 여러 번 치료할 수 있어요.

● VR 치료의 사례

영국의 옥스퍼드 대학교의 대니얼 프리먼 교수 연구진은 고소공포증 치료를 이끄는 VR 프로그램을 개발했어요. HMD를 착용하고 컴퓨터가 만든 가상의 건물을 경험한 후 단계별로 점점 높은 층으로 올라가는 활동을 통해 치료받은 환자는 고소공포증 증세가 평균적으로 68% 경감됐다고 해요. 이러한 결과는 심리치료사가 대면 치료를 했을 때보다 훨씬 높은 수준이에요.

우리나라에서는 VR 기술을 활용한 '사회공포증 인지행동치료'를 진행하고 있어요. VR 기기인 HMD를 착용하면 많은 청중들이 있는 무대에 서거나, 면접관들이 있는 면접 자리 등 가상 상황 프로그램이 눈앞에 펼쳐지고, 이를 계속해서 경험하면서 사회공포증을 치료할 수 있게 되는 거예요. 실제로 2017년 80명을 대상으로 한 임상시험에서 발표 공포 대상자의 약 88.1%가 VR 치료를 통해 불안감을 해소한 것으로 드러났다고 해요.

Job? 12

나는 가상증강현실 전문가가 될 거야!

초판 1쇄 발행 · 2020년 12월 28일
초판 3쇄 발행 · 2021년 9월 10일

지은이 · 가가
그린이 · 문평윤
펴낸이 · 이종문(李從聞)
펴낸곳 · 국일아이

등   록 · 제406-2008-000032호
주   소 · 경기도 파주시 광인사길 121 파주출판문화정보산업단지(문발동)
영업부 · Tel 031)955-6050 | Fax 031)955-6051
편집부 · Tel 031)955-6070 | Fax 031)955-6071

평생전화번호 · 0502-237-9101~3

홈페이지 · www.ekugil.com
블 로 그 · blog.naver.com/kugilmedia
페이스북 · www.facebook.com/kugilmedia
E-mail · kugil@ekugil.com

ISBN 979-11-87007-76-0 (14300)
      979-11-87007-74-6 (세트)

워크북

Job?

나는 가상증강현실
전문가가 될 거야!

국일아이

목차

2

워크북 활용법

직업 탐험   각 기관의 대표 직업(네 가지)이 하는 일, 필요한 지식, 자질 등에 관한 정보뿐만 아니라 관련 직업에 관한 정보를 얻어요.

직업 놀이터   다른 그림 찾기, 숨은그림찾기, 미로 찾기, 색칠하기, OX퀴즈 등 재미있는 놀이 요소를 통해 직업 상식을 알아봐요.

직업 톡톡   직업 윤리나 직업과 관련한 이야기로 자신의 생각을 표현하며 직업을 간접 체험해요.

NCS
(국가직무능력표준)

국가직무능력표준(NCS, National Competency Standards)이란 국가가 현장에서 직무를 수행하는 데 필요한 지식, 기술, 태도 등을 산업별, 수준별로 표준화한 것을 말한다. 대분류 24개, 중분류 79개, 소분류 253개, 세분류 1,001개로 표준화되었으며 계속 계발 중이므로 더 추가될 예정이다.

국가직무능력표준(NCS)에 따른 24개 분야의 직업군

01 사업 관리

02 경영·회계 사무

03 금융·보험

04 교육·자연 사회 과학

05 법률·경찰 소방·교도·국방

06 보건·의료

07 사회 복지·종교

08 문화·예술 디자인·방송

09 운전·운송

10 영업·판매

11 경비·청소

12 이용·숙박·여행 오락·스포츠

13 음식 서비스

14 건설

15 기계

16 재료

17 화학

18 섬유·의류

19 전기·전자

20 정보 통신

21 식품 가공

22 인쇄·목재 가구·공예

23 환경·에너지·안전

24 농림·어업

등장인물의 특징 알아보기

《job? 나는 가상증강현실 전문가가 될 거야!》에는 연우, 아빠, 고모, 제논, 노이만 등이 등장한다. 각 인물을 떠올리며 빈칸을 채워보자.

인물	특징
연우	호기심이 많고 쾌활한 초등학교 3학년 여자아이이다. 가상증강현실에 대해 전혀 관심이 없었지만 아빠가 기획한 박람회를 통해 조금씩 알아가던 중 악당 제논의 습격에 휘말리고 만다. 때마침 나타난 우주 경찰 노이만을 도와 디지털 세계로 도망친 제논을 잡으러 가는데, 과연 연우는 제논을 체포할 수 있을까?
아빠	평소엔 다정한 성격이지만 일할 때는 작은 것 하나도 놓치지 않는 완벽주의자인 ＿＿＿＿＿＿＿＿다. 박람회를 준비하느라 바빠 연우에게 무관심해 보이지만 연우의 생일을 맞이하여 큰 선물을 준비한다.
고모	다정다감한 성격으로 연우와는 친구처럼 지낸다. 가상공간을 좀 더 현실처럼 느낄 수 있도록 설계하고 디자인하는 ＿＿＿＿＿＿＿로 아빠와 함께 박람회를 준비한다. 철저하게 일하지만 아빠의 계속되는 수정 요구에 힘들어한다.
제논	우주 정복을 꿈꾸는 외계인 악당이다. 생명체가 살 수 있는 지구가 탐이 나 지구 정복을 꿈꾼다. 지구의 첨단 기술이 집약돼 있는 VR/AR 박람회장을 타깃으로 잡고 대한민국, 나아가 전 세계를 정복하겠다는 야심을 품는다. 과연 그는 꿈을 이룰 수 있을까?
노이만	제논과 같은 악당을 체포하는 우주 경찰이다. 골칫덩어리 제논이 지구로 갔다는 소식을 듣고 그를 잡기 위해 대한민국 VR/AR 박람회장까지 쫓아왔다. 뛰어난 사격술과 격투술로 순식간에 제논과 그 부하들을 제압하지만 우연한 사고를 통해 가상현실 HMD인 고글 안에 갇히게 된다.

궁금해요, 가상증강현실

가상증강현실은 현실보다 더 재미를 주고, 현실에서 경험하지 못하는 것을 가능케 하는 새로운 세상을 제공해 우리의 경험을 더 폭넓게 확장해준다. 다음 중 가상증강현실에 관한 설명으로 알맞은 것을 모두 찾아보자. (정답은 세 개)

1 가상현실은 컴퓨터 프로그램으로 만든 가상세계에 실제로 있는 것처럼 느끼게 하는 기술을 말한다.

2 증강현실은 실제로 존재하는 현실 세계에 3차원의 가상 이미지를 겹쳐 보여주는 기술이다.

3 가상증강현실은 부작용이 심하고 현실감을 주지 못한다.

4 가상증강현실은 교육, 의료, 게임, 군사 등 다양한 분야에서 활용되고 있고 앞으로 더 많이 활용될 것이다.

가상공간 디자이너에 대해 알아보자

가상현실 세계를 실제처럼 설계하는 가상공간 디자이너에 대한 설명이 바른 것을 찾아보자. (정답은 세 개)

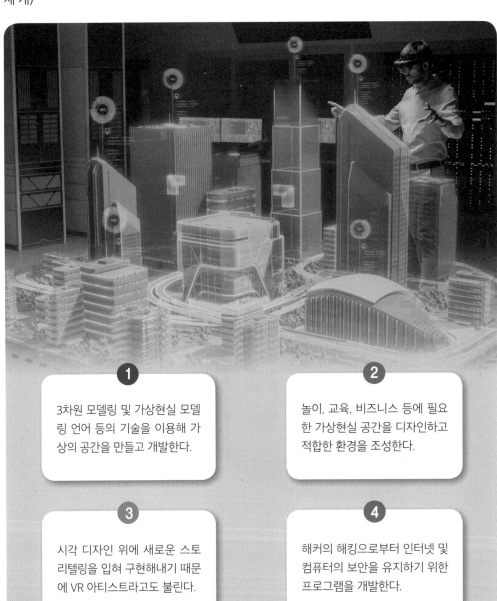

1
3차원 모델링 및 가상현실 모델링 언어 등의 기술을 이용해 가상의 공간을 만들고 개발한다.

2
놀이, 교육, 비즈니스 등에 필요한 가상현실 공간을 디자인하고 적합한 환경을 조성한다.

3
시각 디자인 위에 새로운 스토리텔링을 입혀 구현해내기 때문에 VR 아티스트라고도 불린다.

4
해커의 해킹으로부터 인터넷 및 컴퓨터의 보안을 유지하기 위한 프로그램을 개발한다.

가상공간 디자이너에게 필요한 능력은?

게임과 가상 공연 등 엔터테인먼트 산업이 빠르게 발전하는 만큼 가상공간 디자이너의 역할이 중요해지고 있다. 가상공간 디자이너에게 필요한 능력이 쓰여진 동그라미를 색칠해 보자. (정답은 다섯 개)

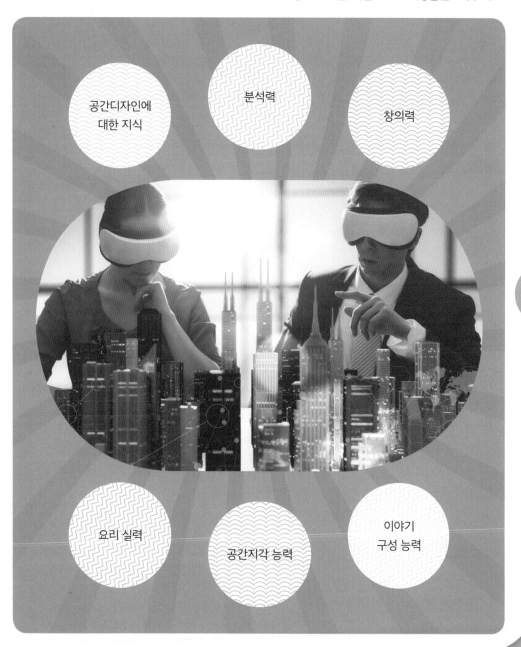

공간디자인에 대한 지식

분석력

창의력

요리 실력

공간지각 능력

이야기 구성 능력

가상현실시스템 개발자는 무슨 일을 할까?

가상현실시스템 개발자는 가상현실 기술이나 콘텐츠를 만들기 위해 시스템을 개발하는 사람이다. 가상현실시스템 개발자와 관련한 문제를 풀고 그에 맞는 글씨를 적어 어떤 단어가 나오는지 알아보자.

1 사용자가 원하는 가상세계가 무엇인지 파악하고, 개발하고자 하는 시스템을 분석하여 개발 방향을 정한다.
(맞으면 '시', 틀리면 '도'를 쓰자)

2 가상현실 모델링 언어 등 컴퓨터 프로그램 언어와 3D 기술을 활용해 가상 시스템을 개발한다.
(맞으면 '스', 틀리면 '종'을 쓰자)

3 시스템이 개발되면 오류가 없는지 테스트하고 수정 작업을 거쳐 시스템을 완성한다.
(맞으면 '템', 틀리면 '일'을 쓰자)

4 시스템에 적용할 알고리즘을 개발한다.
(맞으면 '개', 틀리면 '상'을 쓰자)

5 사람의 여러 감정을 컴퓨터가 인지할 수 있는 유무선 센서 기술을 개발한다.
(맞으면 '증', 틀리면 '발'을 쓰자)

완성한 단어:

가상현실 공간은 누가 만들까?

다음은 현실에 없는 것을 컴퓨터 그래픽을 통해 가상으로 만들어 실제처럼 체험할 수 있는 가상현실 공간을 제작하는 과정이다. 각각의 업무를 담당하는 전문가는 누구인지 〈보기〉를 참고하여 빈칸에 적어보자.

①

가상현실을 어떻게 구현할 것인지 기획하고 방향을 설정한다. 가상의 공간에서 자유로운 세계를 체험할 수 있도록 가상의 시스템을 개발한다.

②

가상현실 시스템의 개발 방향에 맞게 3차원 컴퓨터 그래픽 기술을 활용해 프로그램을 만든다.

③

사물을 스케치하고 색과 질감을 입혀 사용자가 실제의 느낌을 가질 수 있도록 가상현실 시스템을 디자인한다.

④

컴퓨터 그래픽으로 현실에 존재하지 않는 배경과 구성 요소를 3차원으로 만들어 음향 및 움직임의 효과를 넣고 콘텐츠를 제작한다.

보기

그래픽 디자이너, 가상현실 기획자, 가상현실 개발자, 가상현실 프로그래머

증강현실 엔지니어는 무슨 일을 할까?

증강현실 엔지니어가 하는 일이 맞으면 ○, 하는 일이 아니면 X에 동그라미 표시해 보자.

1
모바일이나 컴퓨터에서 증강현실이 실행될 수 있는 기술을 개발한다.

2
영상처리 기술을 기반으로 증강현실 기기 위에 나타나게 할 객체를 안정적이고 정확하게 표현하는 시스템을 개발한다.

3
수학 공식을 새롭게 만들어 프로그램에 적용하고 가상의 물체를 물리 법칙에 따라 움직이도록 만든다.

4
사용자의 행동이나 생활 방식을 조사해서 제품이나 서비스에 반영하여 디자인한다.

증강현실 엔지니어에게 필요한 능력은?

증강현실 엔지니어가 되려면 어떤 능력이 필요한지에 대해 잘못 설명한 친구를 찾아보자.

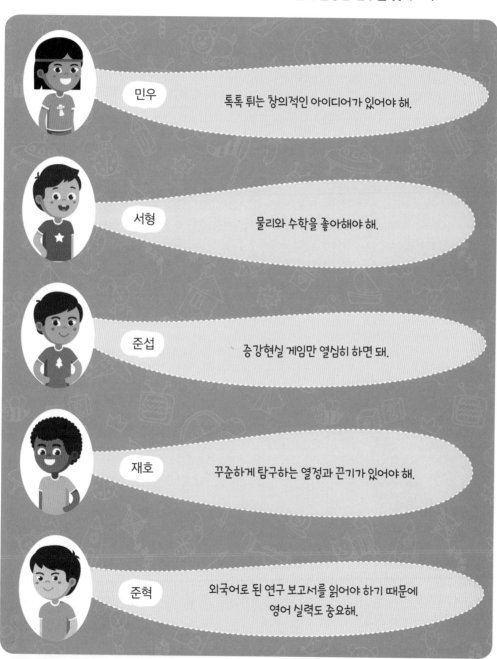

민우 — 톡톡 튀는 창의적인 아이디어가 있어야 해.

서형 — 물리와 수학을 좋아해야 해.

준섭 — 증강현실 게임만 열심히 하면 돼.

재호 — 꾸준하게 탐구하는 열정과 끈기가 있어야 해.

준혁 — 외국어로 된 연구 보고서를 읽어야 하기 때문에 영어 실력도 중요해.

오감인터랙션 개발자는 무슨 일을 할까?

오감인터랙션 개발자는 이용자가 TV, 영화 등의 콘텐츠를 오감을 통해 즐길 수 있도록 만드는 일을 한다. 오감인터랙션 개발자가 하는 일에 대해 바르게 설명한 친구를 찾아보자. (정답은 세 개)

1 가상공간에서도 시각, 청각, 촉각 등을 실제처럼 느끼게 하는 실감 콘텐츠를 개발하고 제작해.

2 개발한 기술이 현실 환경과 확연한 차이가 나게 만들어지도록 데이터를 수집하고 분석해.

3 오감인터랙션 소프트웨어를 이용할 때 어지럼증 등 인체에 미치는 부작용을 해결하기 위한 연구를 해.

4 가상공간의 사물을 이질감 없이 조작할 수 있는 기술을 개발해.

증강현실 콘텐츠는 기술 개발, 콘텐츠 기획, 제작 등의 세 단계를 거쳐 완성된다. 각 단계별 업무를 담당하는 전문가가 누구인지 〈보기〉를 참고하여 빈칸에 적어보자.

①
컴퓨터 언어를 이용해 프로그램을 개발한다. 스마트폰에 증강현실 기반의 애플리케이션을 만든다.

②
흥미를 끌 만한 작품을 만들기 위해 스토리텔링이 더해진다. 증강현실 기술에 이야기를 입히는 단계다.

③
스토리를 바탕으로 2D 디자이너가 그린 그림을 입체로 구현하여 3D 콘텐츠를 제작한다.

13

보기

3D 모델러, 증강현실 기술 개발자, 콘텐츠 기획자

가상현실 증강현실 혼합현실 확장현실

가상현실, 증강현실, 혼합현실, 확장현실 기술은 실재하지 않는 현실을 실제처럼 구현한다는 공통점을 갖고 있다. 각각의 특징을 설명한 것을 읽고 어떤 기술에 대한 설명인지 빈칸에 적어보자.

1

컴퓨터 프로그램으로 만든 가상세계에 접속해서 시각, 청각 등의 감각을 자극해 실제로 있는 것처럼 느끼게 만든다. 머리에 장착하는 디스플레이 기기인 HMD를 이용해 체험할 수 있다.

2

현실 세계에 가상의 이미지를 추가하는 것으로, 사실적이고 현실적이다. 별도의 기기 없이 스마트폰에서 앱을 다운받으면 바로 실행할 수 있다.

3

현실감 있는 가상 정보를 결합한 융합 공간 속에 현실과 가상의 정보를 혼합하여 보여주고 사용자와 상호작용할 수 있는 기술이다. 많은 사람이 동시에 경험할 수 있다.

4

가상·증강·혼합현실을 아우르는 기술이다. 현실 공간에서 손을 뻗으면 가상의 물체를 직접 만지는 듯한 느낌을 받을 수 있게 한다.

내가 경험한 것은?

지난 주말에 있었던 이야기를 하는 친구들이 경험한 것은 무엇인지 줄로 연결해 보자.

가상현실과 증강현실에 대해 알아보자

가상현실과 증강현실에 대해 바르게 설명한 친구는 누구인지 찾아보자. (정답은 세 개)

가상증강현실의 부작용

가상증강현실 등으로 많은 기술이 발전하고 있지만 그에 따른 부작용도 있다. 가상증강현실의 부작용이 무엇인지 〈보기〉를 참고하여 빈칸을 채워보자.

❶ VR 화면에 집중하면 눈을 깜박이는 횟수가 줄어들어 (   )이 생길 수 있다.

❷ 영상을 눈앞에서 바로 보는 것이라 오랜 시간 사용하면 (   )증세가 나타날 수 있다.

❸ VR 콘텐츠에 대한 (   )의 문제가 생길 수 있다.

❹ 현실이나 일상생활에서 (   ) 등 문제를 야기할 수 있다.

보기

인간성 상실과 소통 단절, 두통·구토·어지럼,
중독이나 현실 부적응, 안구건조증

가상증강현실의 응용 분야

가상증강현실은 어느 분야에서 어떻게 활용되고 있는지 알아보고 〈보기〉를 참고하여 빈칸에 알맞은 말을 넣어 보자

❶

구매하려는 상품이 잘 어울리는지 미리 보여주는 서비스다. 직접 옷을 입지 않아도 착용한 모습을 볼 수 있고, 자신의 집에 가구를 배치하여 공간과 어울리는지도 확인할 수 있다.

❷

나를 대신하는 캐릭터가 가상의 공간에서 게임하는 가상현실 게임과 달리 포켓몬GO는 증강현실 기술을 이용해 사람들이 실제 생활하는 공간에서 포켓몬을 만날 수 있다.

❸

인간 신체의 가상 모델을 활용해 수술이나 치료를 하기 전 연습을 통한 경험을 쌓을 수 있고, 또 수술을 할 때 라이브 이미지를 제공하여 수술 성공률을 높이는 등 의료혁신을 가져올 수 있다.

❹

전 세계 어디든 여행을 떠날 수 있다. 전 세계 유명한 유적지와 관광지를 직접 여행하듯이 둘러보고 경험할 수 있다. 화성이나 우주 여행도 가능하다.

❺

새 집이나 빌딩이 어떤 모습인지 세부적인 부분까지도 둘러볼 수 있다. 건설업자는 설계 단계부터 완공 단계까지 미리 파악함으로 시행착오를 줄일 수 있다.

❻

가상현실 시스템을 이용하면 비가 오는 날에도 실내에서 무리없이 체육 수업을 진행할 수 있고, 석기 시대의 유물을 직접 만지고 체험하는 등의 몰입도 높은 수업을 할 수 있다.

❼

날씨나 지형 등 환경적 한계를 벗어나 군사 훈련을 할 수 있고, 전투지 주변도 미리 파악할 수 있다. 사고 위험이 있는 훈련을 가상현실을 통해 연습함으로 사고를 예방할 수 있다.

❽

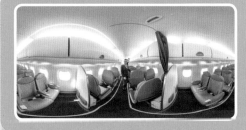

제품에 대해 효과적으로 홍보할 수 있다. 항공사는 VR을 통해 360도로 기내 시설을 둘러볼 수 있고, 기내 서비스도 받아볼 수 있도록 하여 마치 실제로 비행기를 탄 듯한 체험을 제공하고 있다.

보기

게임, 관광, 군사, 쇼핑, 의료, 건축, 교육, 마케팅

알쏭달쏭 ○✕ 퀴즈

아래 퀴즈에서 가상증강현실과 관련한 것이 맞으면 ○, 아니면 ✕에 표시해 보자.

1
가상의 수영장에서 수영을 하면서 물에 대한 공포증을 치료한다.

2
인공지능은 그동안의 빅데이터를 활용해 사람보다 빠르게 기사를 썼다.

3
해당 영상 콘텐츠를 오랜 시간 보면 피로감과 어지러움을 느낄 수 있다.

4
증강현실 앱을 통해 보면 사자와 혈투를 벌이는 검투사의 모습을 생생하게 볼 수 있다.

나도 가상증강현실 전문가가 될 수 있을까?

가상증강현실 전문가가 나의 소질과 적성에 맞을까? 아래 질문에 답하며 나의 소질과 적성을 확인한 후 가상증강현실 전문가가 될 수 있을지 알아보자.

그렇다 - 5점, 보통이다 - 3점, 아니다 - 1점

1. 거시적인 안목과 분석력, 공간지각력이 뛰어나다. (   )

2. 독특하고 기발한 아이디어를 내는 창의력이 있다. (   )

3. 가상의 시공간에 대한 응용력이 뛰어나다. (   )

4. 새로운 것에 도전하는 것을 좋아한다. (   )

5. 문제를 발견하고 분석하는 것이 흥미롭다. (   )

6. 상상하는 것을 즐겨한다. (   )

7. 컴퓨터 공학, 컴퓨터 소프트웨어 공학을 전공하고 싶다. (   )

8. 실제처럼 보이는 영상처리 기술에 관심이 많다. (   )

9. 빠르게 변화하는 기술 트렌드를 인내심을 가지고 꾸준히 공부할 수 있다. (   )

10. 현실에 없는 새로운 세계를 사람들에게 보여주고 싶다. (   )

합계: (   )

40점 이상	가상증강현실 전문가 적성에 딱 맞아!
30점 이상	가상증강현실 전문가가 되기 위한 자질이 충분해!
20점 이상	가상증강현실 전문가가 되고 싶다면 미래를 위해 조금 더 노력해 봐!
19점 이하	지금은 가상증강현실 전문가로 일할 소질이나 적성이 부족해. 가상증강현실에 관심을 가지고 공부해 봐!

MBC 다큐멘터리 '너를 만났다'는 세상을 떠난 아이와 엄마가 가상현실 기술을 기반으로 다시 만나는 모습을 보여줬다. 다시는 보지 못하는 사람과 가상현실에서 만나는 것에 대한 찬성과 반대 의견을 읽고 자신의 생각을 말해 보자.

보고 싶었던 아이를 만나 아이에게 하고 싶었던 말을 전하고, 아이가 잘 지내는 모습을 보고 나면 슬픔을 달랠 수 있을 것 같아.

아이를 만난 이후에 현실로 돌아오면 더 큰 허무함이 느껴질 수 있어. 가상세계를 현실로 믿고 싶어져서 현실을 부정하거나, 현실과 가상을 구분하지 못하게 될 수도 있어.

나는 가상현실을 통해 그리운 사람과 만나는 것을 (찬성 / 반대)한다.

왜냐하면

때문이다.

내가 가상증강현실 앱을 만든다면?

가상증강현실 기술이 적용된 앱을 만든다면 어떤 앱을 만들고 싶은지 생각해 보자.

4. VR 기획자, 가상공간 디자이너

5. ①, ②, ④

6. ①, ②, ③

7. 공간디자인에 대한 지식, 분석력, 창의력, 공간지각 능력, 이야기 구성 능력

8. 시스템개발

9. ① 가상현실 기획자, ② 가상현실 프로그래머, ③ 그래픽 디자이너, ④ 가상현실 개발자

10. ○, ○, ○, X

11. 준섭

12. ①, ③, ④

13. ① 증강현실 기술 개발자, ② 콘텐츠 기획자, ③ 3D 모델러

14. ① 가상현실, ② 증강현실, ③ 혼합현실, ④ 확장현실

15. A - 가상현실, B - 증강현실, C - 혼합현실

16. 지아, 동건, 민호

17. ① 안구건조증, ② 두통·구토·어지럼, ③ 중독이나 현실 부적응, ④ 인간성 상실과 소통 단절

18-19. ① 쇼핑, ② 게임, ③ 의료, ④ 관광, ⑤ 건축, ⑥ 교육, ⑦ 군사, ⑧ 마케팅

20. ○, X, ○, ○